¡Qué bien suena!

¡Qué bien suena!

Mastering Spanish Phonetics and Phonology

—

Jeffery D. Stokes

WEBER STATE UNIVERSITY

HEINLE
CENGAGE Learning

Australia • Brazil • Japan • Korea • Mexico • Singapore • Spain • United Kingdom • United States

HEINLE
CENGAGE Learning™

¡Qué bien suena! Mastering Spanish
Phonetics and Phonology
Jeffery D. Stokes

Publisher: Rolando Hernández

Sponsoring Editor: Van Strength

Editorial Associate: Patricia Osborne

Senior Project Editor: Kathryn Dinovo

Senior Manufacturing Coordinator: Marie Barnes

Associate Marketing Manager: Claudia Martínez

Cover Illustration: © Noma–images.com/Veer

Photo Credits:
  Page 7: © Corbis/Royalty Free. Page 33:
  © Corbis/Royalty Free. Page 57: ©Karan
  Kapoor/Getty Creative. Page 69: ©Andy
  Sotiriou/Getty Creative. Page 85: © Richard
  l'Anson/Lonely Planet Images. Page 97:
  © Marc Romanelli/Getty Creative.
  Page 145: © Rob Lewine/Corbis. Page 159:
  © Bill Ross/Corbis.

Text Credits:
  Preface: Standards for Foreign Language
  Learning (for Spanish) from *Standards for
  Foreign Language Learning in the
  21st Century*. Reprinted and reproduced
  with the permission of ACTFL. *The
  Standards for Foreign Language Learning
  in the 21st Century* is published by the
  American Council on the Teaching of Foreign
  Languages. The complete book may be
  ordered online at www.actfl.org/publications
  or by calling 703-894-2900. Song "El Corrido
  de Pancho Villa" used with permission of
  Vibrante Press. **Chapters 1, 2, 3, 8:** Material
  from "En Paz," *Elevación*, Amado Nervo, in
  Obras Completas, tomo 2, copyright © 1967,
  pp. 1732–1733. **Chapter 11:** Excerpt from
  the song "El corrido de Pancho Villa" in
  Mariachi . . . y más. Copyright © 1994.
  Excerpts from "Sensemayá," by Nicholás
  Guillén, West Indies, Ltd, in *Sóngoro
  Cosongo: Motivos de son*; West Indies, Ltd.,
  España. Copyright © 1967 by the Agencia
  Literaria Latinoamericana. **Chapters 11, 13,
  16, 17:** Excerpts from "Los maderos de San
  Juan," *Gotas amargas in Prosas y Versos*,
  ed. Carlos Garia-Prada, copyright © 1942,
  pp. 137–139.

For product information and technology assistance, contact us at
Cengage Learning Customer & Sales Support, 1-800-354-9706
For permission to use material from this text or product,
submit all requests online at www.cengage.com/permissions
Further permissions questions can be emailed to
permissionrequest@cengage.com

Library of Congress Control Number: 2003109855

ISBN-13: 978-0-618-23500-1

ISBN-10: 0-618-23500-0

Heinle
20 Davis Drive
Belmont, CA 94002
USA

Cengage Learning is a leading provider of customized learning solutions with
office locations around the globe, including Singapore, the United Kingdom,
Australia, Mexico, Brazil, and Japan. Locate your local office at
www.cengage.com/global

Cengage Learning products are represented in Canada by Nelson Education, Ltd.

To learn more about Heinle, visit **www.cengage.com/heinle**

Purchase any of our products at your local college store or at our preferred
online store **www.cengagebrain.com**

Printed in the United States of America
8 9 10 11 12   21 20 19 18 17

¡Qué bien suena!

Mastering Spanish Phonetics and Phonology

— Contenido —

TO THE INSTRUCTOR

Level, theoretical focus, and purpose

¡Qué bien suena! Mastering Spanish Phonetics and Phonology is written for the learner enrolled in an introductory one-semester phonetics and phonology course who has the equivalent of two years of Spanish at the college or university level. It is intended to be highly practical in the sense that there is a great deal of focus on improving the student's individual pronunciation and intonation skills in Spanish. For this reason, the theoretical approach is a straightforward articulatory one. The focus on structural linguistics provides the most simple, transparent analysis of how each sound is physically produced. This is the most efficient way to aid undergraduate students who are working toward a mastery of the Spanish system of sounds. It is unlikely that the typical nonnative speaker will ever completely overcome his/her foreign accent in Spanish. However, the goal here is for the student to be able to replicate successfully, to the degree reasonably possible, native speakers' pronunciation and intonation patterns. The text presents some unique features that will help the student in attaining this goal.

Phonetic Symbols

¡Qué bien suena! uses almost exclusively symbols from the International Phonetic Alphabet (IPA). This means that a student can more easily transfer what is learned in the Spanish phonetics and phonology course to more generalized studies in linguistics or to the phonetic or phonological study of other languages. The only exceptions to the text's use of IPA symbols occur when there is a lack of contrasting IPA symbols, such as with the alveolar and the alveopalatal lateral.

Communicative, cultural, and other goals

This is the first book of its kind to incorporate the *Standards for Foreign Language Learning,* as presented by ACTFL. Traditional courses in phonetics and phonology typically have not addressed the issue of how to help students enhance their *general* proficiency in the target language, or to develop cultural knowledge and sociolinguistic sensitivity. *¡Qué bien suena!* provides practical activities (the *Aplicaciones* toward the end of each chapter) that target these and other goals and outcomes associated with the Standards. The activities also supply valuable practice in the areas of pronunciation, phonetic and phonological analysis, and transcription. To recapitulate ACTFL's *Standards for Foreign Language Learning,* they are the following for Spanish:

COMMUNICATION   GOAL ONE
Communicate in Spanish
Standard
1.1   Students engage in conversations, provide and obtain information, express feelings and emotions, and exchange opinions.

1.2   Students understand and interpret written and spoken Spanish on a variety of topics.

1.3   Students present information, concepts, and ideas to an audience of listeners or readers on a variety of topics in Spanish.

CULTURES   GOAL TWO
Gain Knowledge and Understanding of Spanish Speaking Cultures
2.1   Students demonstrate an understanding of the relationship between the practices and perspectives of Hispanic cultures.

2.2   Students demonstrate an understanding of the relationship between the products and perspectives of Hispanic cultures.

CONNECTIONS   GOAL THREE
Connect with Other Disciplines and Acquire Information
3.1   Students reinforce and further their knowledge of other disciplines through Spanish.

3.2   Students acquire information and recognize the distinctive viewpoints that are only available through the Spanish language and its cultures.

COMPARISONS   GOAL FOUR
Develop Insight into the Nature of Language and Culture
4.1   Students demonstrate understanding of the nature of language through comparisons between Spanish and English.

4.2   Students demonstrate understanding of the concept of culture through comparisons between Hispanic cultures and their own.

COMMUNITIES   GOAL FIVE
Participate in Multilingual Communities at Home and Around the World
5.1   Students use Spanish both within and beyond the school setting.

5.2   Students show evidence of becoming life-long learners by using Spanish for personal enjoyment and enrichment.

For each *Aplicación,* an icon indicates that one or more of these Standards is specifically addressed by the activity. The listening icon appearing next to some of these *Aplicaciones* refers the student to material on the accompanying audio CD. The following table identifies the specific standard/s that each *Aplicación* targets.

Correlation of Standards and Aplicaciones Activities

Note: In the second column of the chart, the number refers to the chapter and the letter (when there is more than one *Aplicación* in the chapter) indicates the activity. For example, **1B** denotes Chapter 1, *Aplicación* B.

Standard 1.1   1B, 2, 6A, 6C, 7, 8A, 8B, 9B, 11A, 11B, 12B, 14, 16B, 18, 21, 23, 24, 25, 26, 27A

Standard 1.2   1B, 2, 3, 5B, 6B, 11B, 11C, 11D, 12A, 13, 14, 17A, 17B, 23, 24, 26, 27A

Standard 1.3   1A, 4A, 5A, 6A, 6D, 7, 9A, 10, 11C, 11E, 17A, 17B, 22A, 27B, 28

Standard 2.1   4A, 5B, 7, 11C, 12A, 12B

Standard 2.2   3, 11C, 11D

Standard 3.1   6A, 6C, 11C, 11E, 16B, 21, 25

Standard 3.2   1B, 2, 3, 5B, 7, 9A, 10, 11C, 11D, 12A, 12B, 17A, 17B, 19, 23, 24

Standard 4.1   4B, 11A, 11D, 12A, 12B, 14, 15, 16A, 19, 20, 22B, 23, 24, 25

Standard 4.2   4A, 5B, 7, 11A, 11D, 12A, 12B, 22A, 23, 24

Standard 5.1   5B, 7, 9A, 10, 12A, 12B, 19, 23, 24, 26, 27A

Standard 5.2   11C, 11E

The audio CD

The recordings on the CD feature native speakers from a variety of places throughout the Spanish-speaking world, who read sentences and poems, and provide samples of unscripted speech. These speakers are not actors or other professionals who have been trained to speak "standardized" Spanish and perform for audiences. Instead their speech samples are natural and do not reflect the more typical exaggerated and stilted styles found in many audio recordings.

Text description and organization

The text contains technical terminology and information to support its main purpose, that of giving students large amounts of practical phonological experience in both oral and written modes. Organized into eight units, each of the twenty-eight chapters is brief, with a digestible amount of material and exercises that can usually be completed in one or two class sessions, which is ideal for the typical two- to three-hour semester course.

The text is user-friendly for both student and instructor. Written entirely in Spanish, in clear, straightforward language, it provides numerous examples, models and diagrams for students. Occasional counter-examples (linguistic forms indicated as incorrect or non-existent among native speakers by an asterisk) are also provided. Chapters are carefully ordered so that each builds on what was learned in the preceding chapters. Each begins with clear, concise explanations of the major concepts to be studied. Key vocabulary appears in boldface and is included in the end-of-book glossary.

Throughout the text students are encouraged to use introspection to analyze how they themselves produce specific phonetic features and are then asked to apply each new concept immediately. Written and oral *Prácticas* appear at these key junctures, rather than merely at the end of chapters or of the book. Practice within each chapter begins at the most simple level (typically, the word level) and gradually progresses to the more complex (from the sentence level to the paragraph level and then to the discourse level, depending on the nature of the material within the chapter). To further reinforce key concepts, each unit concludes with a *Repaso* that helps students summarize and synthesize the material they have learned.

Unit on historical sound changes

Another unique aspect of *¡Qué bien suena!* is that it concludes with four chapters on the history of the Spanish language and historical sound changes (Latin to Spanish). These chapters allow students to gain a deeper understanding of how the sound system of a language develops and changes, and more specifically, how the modern Spanish phonological system evolved into its current configuration. A positive side effect of this study is that students come to realize that they can recognize and understand a good number of Latin words, based on their knowledge of Spanish. They can readily recognize that the Latin word *VENTUS,* for example, corresponds to the Spanish word *viento,* simply because they are aware of the processes that governed sound changes over time. This unit can be used at those institutions that may not have a separate course in the history of the Spanish language or omitted as circumstances dictate.

With its clarity, ease of use and flexibility, *¡Qué bien suena!* is a practical, hands-on text that helps students display emerging control and understanding of the phonological system of Spanish.

Answer key

A key with answers for all the written *Prácticas* and some of the *Aplicaciones* is located at www.cengage.com/spanish.

TO THE STUDENT

Content and purpose

Welcome to *¡Qué bien suena!*, an introduction to phonetics (the study of sounds) and phonology (the study of the sound system) of Spanish. As part of this study, you will learn phonetic symbols from the International Phonetic Alphabet (IPA) to represent these sounds graphically. You will also learn to do phonetic transcriptions of words and sentences. In addition to these written activities, a substantial number of exercises are devoted to oral practice. While very few, if any, nonnative speakers of Spanish will ever pass as native speakers, the goal is for you to produce, to the extent reasonably possible, the pronunciation and intonation patterns typical of native speech in Spanish. If you reach this goal, your speech will not only be more understandable to native speakers of Spanish, but less distracting as well.

Communicative and cultural activities

Besides the focus on phonetics, phonology and pronunciation, at the end of each chapter there are one or more *Aplicaciones* that will help you develop general linguistic and communication skills and/or cultural knowledge. Some of these activities also allow you to connect with other academic disciplines and areas of personal interest. Icons next to the *Aplicaciones* indicate that some of the national *Standards for Foreign Language Learning* are being targeted. If you are interested in knowing more about these Standards, you can find them listed in the **To the Instructor** section. A table is included that indicates which specific Standards are addressed within each activity. You will also find a listening icon placed next to some *Aplicaciones* activities, which signals recorded material on the accompanying audio CD.

The audio CD

The recordings on the CD feature native speakers from a variety of places throughout the Spanish-speaking world, reading material and offering samples of unscripted speech. You will be able to compare contrasting features of pronunciation and intonation, either by examining the same sentences read by different speakers, or by analyzing impromptu samples of their speech.

Brief chapters with lots of practice

Chapters are typically short and to the point, so that you can focus on mastering one set of concepts and skills before you move on to the next. The exercises in the *Prácticas* sections make it possible for you to practice and/or check your comprehension of the material presented, so it is essential that you do each one as you come to it in your reading. The *Aplicaciones* at the end of the chapters then allow you to practice your skills further within a specified meaningful context. The *Repasos* at the end of each unit review and reinforce what you have learned.

The textbook's goal

It will require a lot of persistence and patience to improve your skills with regards to pronunciation and intonation. Research suggests that, as second-language learners, we often focus so much on our message as we speak, that it is often challenging to pay close attention to how we sound. The intention of this text is for you to learn and apply concepts and skills on an ongoing, long-term basis, far beyond the ending of the course in which you may be currently enrolled. Best wishes for success as you pursue this goal!

Acknowledgments

I would most especially like to thank Kristin Swanson, developmental editor, and Timothy L. Face, University of Minnesota, for their painstaking review of the manuscript and their invaluable insight. I am also very appreciative of my departmental colleague, Thomas J. Mathews, who based his ongoing input and excellent suggestions on his experience in the classroom with a prototype of this text.

Special thanks are also extended for the support, encouragement, contributions and suggestions of the team at Cengage Learning: Rolando Hernández, Publisher; Van Strength, Sponsoring Editor; Nicole Parent, Audio Producer; Kathryn Dinovo, Project Editor; and Erin Kern, Editorial Assistant.

In addition, I wish to express gratitude for guidance from Juan Carlos Gallego of Fullerton College, Spanish language reviewer; Dieter Wanner of The Ohio State University, reviewer for historical sound changes; as well as from Robert Mondi, classical languages, and Mark LeTourneau, linguistics of English, both of Weber State University, along with development manager Sharla Zwirek and copyeditor Sharon Alexander. I also want to thank two people from Victory Productions, Inc.: Meredith Linden for her patience and assistance in developing the art work and David Evans for his consistently upbeat approach, regular words of encouragement, and crisis management skills.

Finally, I would like to express appreciation to the following for suggestions they offered in early stages of the development of the manuscript:

Mark Goldin, George Mason University
Orlando R. Kelm, The University of Texas at Austin
John Lipski, Pennsylvania State University
Gillian Lord, University of Florida

Any remaining errors, omissions, and oversights are exclusively my own responsibility.

J.D.S.

CENTRAL AMERICA AND THE CARIBBEAN

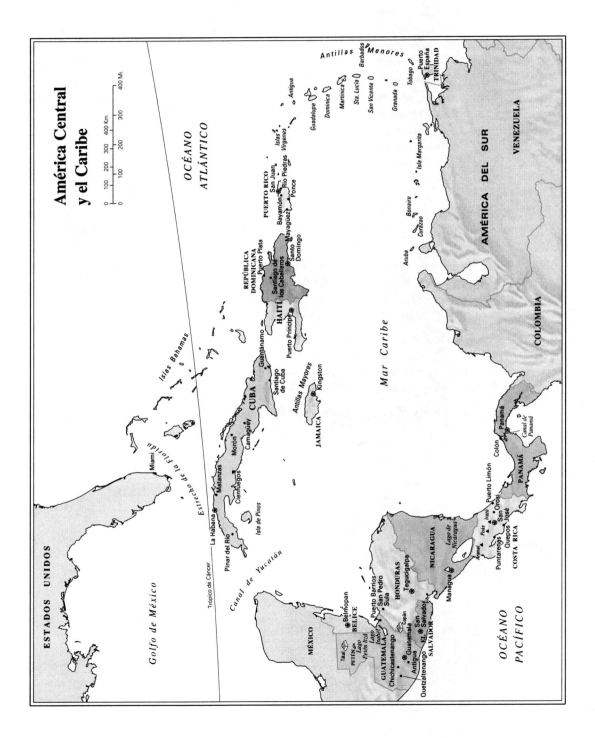

SOUTH AMERICA

Mar Caribe

Barranquilla
Cartagena
Maracaibo
Caracas
La Guaira
TRINIDAD Y
TOBAGO
Puerto España

OCÉANO
ATLÁNTICO

San Carlos
Ciudad Bolívar
VENEZUELA
Río
Orinoco
Georgetown
Paramaribo

Medellín
Zipaquirá
Salto Ángel
GUYANA
Cayena

Cali
Bogotá
COLOMBIA
SURINAM
GUAYANA
FRANCESA

Popayán
San Agustín
Otavalo
Pichincha
Santo Domingo
de los Colorados
Quito
ECUADOR
Chimborazo
Guayaquil

Río Negro
Río Amazonas
Ecuador

Manaos
Belén

Iquitos

Río Madeira

CORDILLERA DE LOS ANDES

Sipán

Trujillo

BRASIL

Recife

PERÚ

Machu Picchu

Callao
Lima

Cuzco
Puno
Lago
Titicaca
La Paz
Cochabamba
Tiahuanaco
Arequipa
Sucre
Arica
BOLIVIA
Potosí
Iquique

Brasilia

Salvador

Río Paraguay

Bello
Horizonte

Filadelfia
PARAGUAY
Asunción

Río Paraná

San Pablo
Santos
Río de Janeiro

Trópico de Capricornio
Antofagasta
Salta
San Miguel
de Tucumán
Puerto Iguazú

Resistencia

Río Uruguay

OCÉANO
PACÍFICO

CHILE

Córdoba

Puerto Alegre

Aconcagua
Viña del Mar
Valparaíso
Santiago
Mendoza
Rosario
Buenos Aires
La Plata
URUGUAY
Montevideo
Punta del Este

Concepción

ARGENTINA

Río Colorado

Río de la Plata

Mar del Plata

Bahía Blanca

CORDILLERA DE LOS ANDES

Bariloche
Puerto Montt

PATAGONIA

ISLAS GALÁPAGOS
San
Salvador
Ecuador
Santa Cruz
San Cristóbal
Isabela
ECUADOR
Quito
Guayaquil

América del Sur

Estrecho de
Magallanes
TIERRA
DEL FUEGO
Islas
Malvinas
Punta Arenas

0   250   500 Km.

0   250   500 Mi.

Cabo de Hornos

Mexico

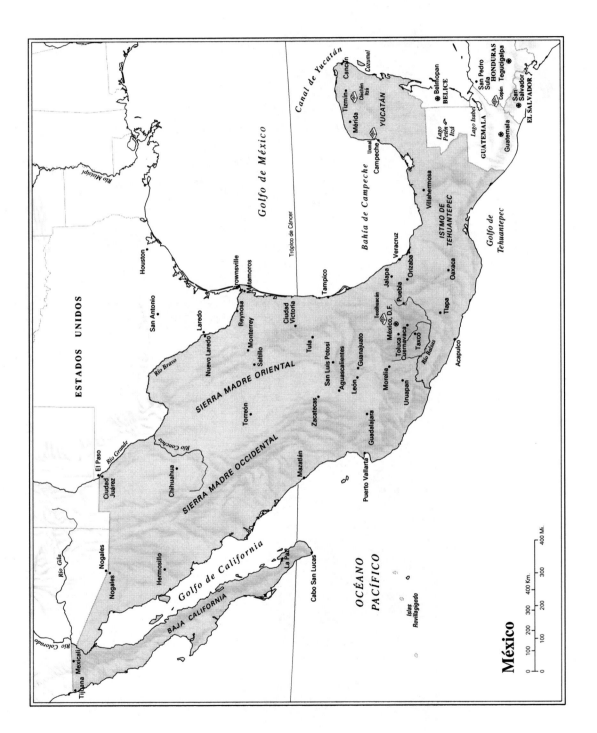

SPAIN

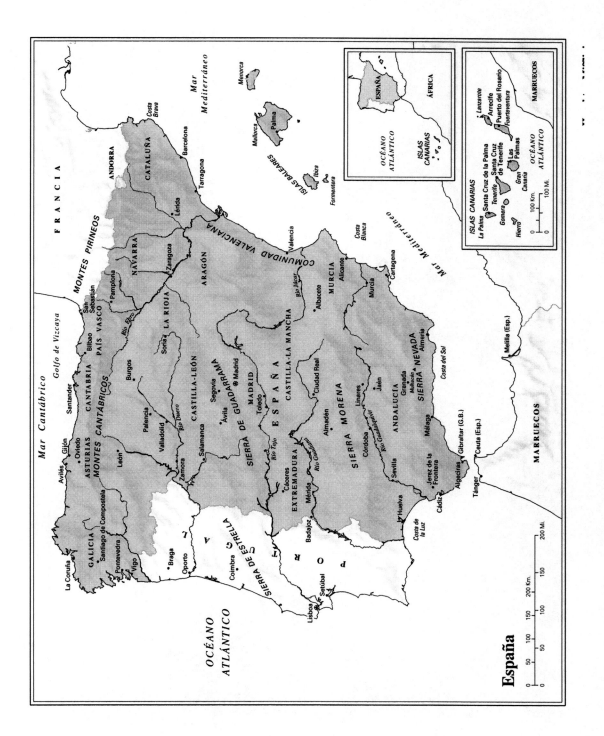

UNITED STATES

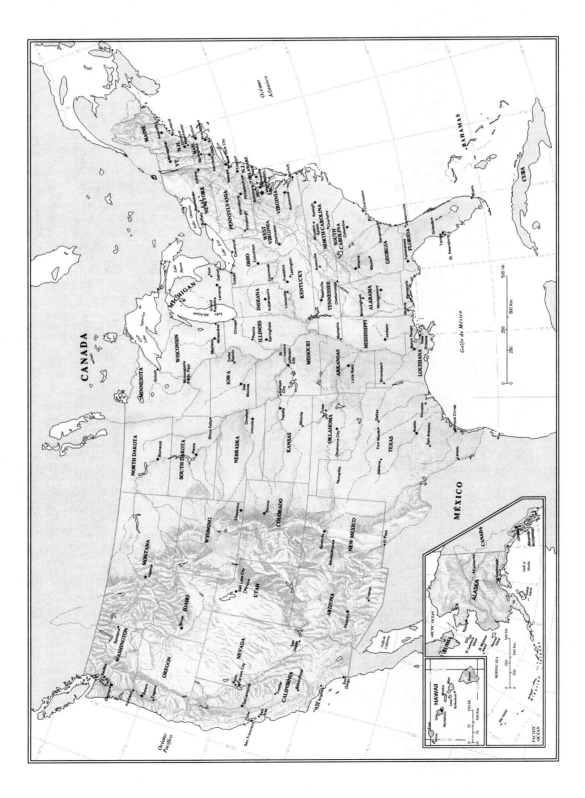

INTRODUCCIÓN

La lingüística y la adquisición de la pronunciación

La **lingüística** es el estudio científico de los idiomas. Dentro de la lingüística hay varios subcampos. Entre ellos se incluyen el **léxico**, la **morfología**, la **sintaxis**, la **semántica**, la **fonética** y la **fonología**. El enfoque de este texto son los últimos dos subcampos de esta lista. Sin embargo, es útil comprender cada uno de estos subcampos y entender que habrá interrelaciones entre todos.

El léxico

El **léxico** es simplemente la selección de palabras que existen en cualquier idioma. Por ejemplo, las palabras *casa, contradecir* y *rápidamente* pertenecen al léxico del español. El diccionario representa una parte significativa del léxico de un idioma. Sin embargo, antes de que los idiomas se representaran en forma escrita, existían en forma oral. Es decir que las palabras en su forma más esencial en los idiomas hablados (a excepción de casos como ASL (*American Sign Language*)), constan de sonidos, los cuales se analizan en los campos de la fonética y la fonología.

La morfología

Las palabras que forman el léxico de un idioma se forman o se "construyen" sistemáticamente. Típicamente los idiomas usan prefijos, sufijos y otros elementos para formar y alterar palabras. El estudio de cómo se forman estos vocablos se conoce como la **morfología**. A cada componente de una palabra que aporta información semántica o gramatical se le llama **morfema**. En los casos de *casas, contradecimos* y *rápidamente* hay una variedad de morfemas que proveen o información semántica (significado) o gramatical:

casa-s	dos morfemas: raíz + morfema del plural
contra-dec-i-mos	cuatro morfemas: prefijo + raíz + vocal temática/tiempo/modo + persona/número
rápid-a-mente	tres morfemas: raíz + sufijo adjetival + sufijo adverbial

La morfología a menudo influye en el sistema de sonidos, la fonología. Habría un sinfín de ejemplos, pero consideramos un ejemplo sencillo y transparente: el caso del prefijo (morfema) negativo *in-* en los siguientes ejemplos:

in + estable	= inestable
in + seguro	= inseguro
in + necesario	= innecesario
in + potente	= impotente
in + real	= irreal
in + legal	= ilegal

En los primeros tres ejemplos, la articulación de la <n> de *in-* permanece en su forma original. Pero en los últimos tres ejemplos, hay una asimilación fonética con otro sonido vecino. La <p> de *potente* se articula con los dos labios y la <m> se pronuncia de una forma similar. Así que la <n> se asimila con la <p>, llegando a ser *bilabial*. El fenómeno es similar en el caso de *irreal* y la asimilación es total (en que dos sonidos llegan a ser un solo sonido) en el caso de *ilegal*. Como se puede notar, la morfología a menudo es significativa en nuestro estudio de los sonidos del español.

La sintaxis

La **sintaxis** es el estudio de las interrelaciones entre las palabras de una frase u oración. En inglés así como en el español, el orden de las palabras comunica mucha información en cuanto a estas interrelaciones. Por ejemplo:

El camión destruyó el autobús
   en el accidente.

The truck destroyed the bus
   in the accident.

En los dos idiomas sabemos que es el autobús que queda destruido y no el camión, porque el orden sintáctico "normal" en los dos idiomas es *sujeto + verbo + complemento (objeto)*. Sin embargo, hay frecuentemente casos en que este orden "normal" se puede alterar:

¿Ama María a Juan? (sujeto = María)
¿Ama a María Juan? (sujeto = Juan)

María vio a Juan en el centro comercial. (sujeto = María)
A María la vio Juan en el centro comercial. (sujeto = Juan)

Der Mann sieht die Frau.
The man sees the woman.

Den Mann sieht die Frau.
The woman sees the man.

My little brother is easy to satisfy.
(*My little brother* es el complemento de *satisfy*.)

My little brother is eager to satisfy.
(*My little brother* es el sujeto [agente] de *satisfy*.)

En cada par de oraciones es obvio que, a pesar de un orden similar de las palabras, las interrelaciones entre las palabras son distintas. (Y el elemento enfatizado varía típicamente según la sintaxis que se emplea.) En los ejemplos en español, hay ciertas palabras de función como *a* o *la* que se han usado para ayudar a clarificar las interrelaciones. En el ejemplo del alemán, el sufijo *-r* o *-n* en el artículo definido indica el papel (o *caso*) del sustantivo dentro de la frase. Sin embargo, en el ejemplo en inglés, se nota que hay casos en que el léxico (*easy* vs. *eager*) también puede determinar estas interrelaciones, o sintaxis. Y como veremos más adelante, la sintaxis puede afectar a las articulaciones fonéticas de las palabras.

La semántica

La **semántica** es el estudio del significado de lo que decimos. Este campo de estudio es sumamente complejo y hay hasta lingüistas que prefieren dejar el estudio de la semántica para los filósofos. Sin embargo, para nuestro estudio de la fonética y la fonología, es importante notar que los sonidos que usamos y cómo los usamos, pueden tener un efecto profundo en la semántica. Por ejemplo:

> Fui a la granja para comprar una pera.
> Fui a la granja para comprar una perra.

Hay muchas personas de habla inglesa que tienen problemas con el contraste entre la <r> y la <rr> del español, y puede ser que se pronuncien igual las dos palabras, *pera* y *perra*. En el ejemplo de arriba, ¿se trata, entonces, de alguien que se interesa en una fruta (pera) o en un animal (perra)? Un ejemplo adicional:

> Hablo español todo el día. (primera persona, presente)
> Habló español todo el día. (tercera persona, pretérito)

La acentuación a menudo determina el enfoque temporal y el sujeto de un verbo en español, como se puede observar en este ejemplo. Hay muchos más aspectos fonológicos que pueden influir en la semántica de las emisiones lingüísticas.

El contraste entre la fonética y la ortografía

Llegamos, entonces, al enfoque principal de este texto: el estudio de la fonética y de la fonología. La **fonética** es el estudio de la producción y la percepción físicas de los sonidos de un idioma. Observamos, por ejemplo, que se requieren los dos labios, entre otros aspectos, para producir el sonido [m]. Usamos corchetes [ ] para indicar que el símbolo es una representación fonética y *no una letra ortográfica*, la cual se indicaría así: <m>. La **ortografía**, en cambio, es el sistema estándar de representar un idioma en forma escrita, mientras que los símbolos fonéticos representan *sonidos*.

La fonología

La **fonología** es el estudio del *sistema* de sonidos dentro del cual se emplean las diferentes manifestaciones fonéticas. Para ilustrar la diferencia entre la fonética y la fonología, consideremos un ejemplo. Según un análisis fonético, llegamos a la conclusión de que hay una diferencia articulatoria (fonética) entre la <d> de *andar* y la <d> de *lado*. Por el momento, vamos a decir simplemente que la primera es fonéticamente más fuerte que la segunda, puesto que la segunda se articula de una forma "más suave", algo similar a la <th> de la palabra *thy* en inglés. Pero un análisis fonológico nos aclara que esta diferencia no es significativa en español en un sentido fonémico; es decir que si intercambiáramos los dos sonidos, no resultarían palabras distintas, sino que habría simplemente una pronunciación equivocada. En otras palabras, para el hispanoparlante hay *psicológicamente* sólo un sonido para <d> en vez de dos.

Para contrastar otro ejemplo con el que se acaba de ofrecer, hay también una diferencia fonética entre la <p> de *pan* y la <v> de *van*, aunque también son similares en el hecho de que se articulan con los dos labios. Pero además, hay una diferencia *fonémica* entre los dos sonidos porque no podemos intercambiar las palabras *pan* y *van* sin alterar el sentido de la palabra. La fonética nos explica que los dos sonidos son diferentes, mientras que la fonología nos clarifica que esta diferencia es significativa porque la selección de la una o la otra puede determinar el significado de la palabra.

Otro caso totalmente distinto es el de la <v> y la <b> del español. La diferencia entre estas dos letras es *ortográfica* simplemente, y no fonética ni fonémica, puesto que se pronuncian igual en la mayoría de las variantes regionales del español. Las frases *las aves* y *la sabes* normalmente suenan igual, por lo tanto. Entonces, en nuestro estudio de la fonética y la fonología, es sumamente importante distinguir entre los *sonidos* y la *ortografía* del idioma que estudiamos.

Investigaciones sobre la adquisición de la pronunciación

En cuanto a las investigaciones que se han llevado a cabo sobre la adquisición de la pronunciación, o sea, de los sistemas fonológicos de los idiomas, ha habido conclusiones diversas y contradictorias. Algo que parece ser el caso, sin embargo, es que la mayoría de las personas que comienzan la adquisición de un segundo idioma después de los seis años van a retener un acento extranjero, aunque éste podría ser bastante leve en el nuevo idioma. Tal realidad sugiere que la idea de que el estudiante (o cualquier otra persona) debe alcanzar la misma destreza fonológica que un hablante nativo del idioma no es una postura realista.

Sin embargo, el presente texto se ha concebido bajo la filosofía de que es posible que la destreza en la pronunciación y en la entonación se pueda mejorar, como lo han demostrado algunos estudios, a pesar de los resultados aparentemente contradictorios que a veces se manifiestan. Los investigadores están tratando de identificar las razones por las cuales diferentes personas experimentan diferentes grados de éxito en la adquisición de la pronunciación de un nuevo idioma. Algunos de estos estudios han sugerido que factores como el grado de empatía, o sea la habilidad de ponerse a uno figurativamente en las circunstancias de otros, podría tener una correlación positiva con una mejor adquisición del sistema fonológico del idioma de otro pueblo. Otro factor podría ser el grado de inhibición que uno siente cuando habla un segundo idioma. Las inhibiciones más altas parecen ser un estorbo a la buena ejecución fonológica. Hay también resultados que sugieren que el nivel de motivación del estudiante puede ayudar a fomentar mejor pronunciación. Además, queda claro que el tipo de tarea lingüística que el hablante lleva a cabo a menudo afecta a la calidad de su pronunciación.

También parece ser el caso que el nivel general de desarrollo lingüístico, o *proficiency*, en un segundo idioma determina parcialmente el grado hasta el cual el estudiante puede mejorar su pronunciación. Es por esta razón que es imprescindible que uno no sólo practique la buena pronunciación, sino que uno debe esforzarse por aumentar su destreza general en el idioma. Aunque se presenta una buena cantidad de ejercicios que se enfocan en la pronunciación específicamente, a través del texto el estudiante encontrará otras actividades que también pretenden fomentar tal destreza general en el español.

Práctica

La lingüística y sus subcampos. Seleccione la definición que concuerda con el término y escriba la letra que la representa en el espacio a la izquierda de cada número.

_____ 1. fonética

_____ 2. fonología

_____ 3. léxico

_____ 4. lingüística

_____ 5. morfema

_____ 6. morfología

_____ 7. ortografía

_____ 8. semántica

_____ 9. sintáxis

a. la selección de palabras en un idioma

b. el estudio de cómo se forman las palabras

c. el componente de una palabra que aporta información semántica o gramatical

d. las interrelaciones entre las palabras de una oración

e. el estudio del significado de lo que decimos

f. el estudio de la producción y la percepción físicas de los sonidos

g. el sistema estándar de representar un idioma en forma escrita

h. el estudio del sistema de sonidos de un idioma

i. el estudio científico de los idiomas

Unidad 1

La sílaba

8

Capítulo 1

La silabificación: consonantes y combinaciones de consonantes

La sílaba

Para poder aplicar correctamente muchos de los principios fonéticos del español, es imprescindible comprender bien el concepto de sílaba. La sílaba es la unidad básica alrededor de la cual gira el ritmo del idioma. Se debe observar al comienzo de nuestro análisis de la silabificación que el español generalmente prefiere las sílabas abiertas a las sílabas cerradas. Una **sílaba abierta** es simplemente una que termina en una vocal, mientras que una **sílaba cerrada** termina en una consonante. La palabra *si*, por ejemplo, consta de una sílaba abierta, mientras que la palabra *con* consiste en una sílaba cerrada.

Consonantes simples

El hecho de que el español prefiere las sílabas abiertas quiere decir que si hay una sola consonante entre vocales dentro de la palabra, dicha consonante *siempre* va con la vocal que le sigue. Observe que todas las sílabas en las siguientes palabras son abiertas.

a-ma	ha-go	te-ma	sí-la-ba
ba-ta-ta	ja-rri-to	vi-lla-no	mu-cha-chi-ta

En los últimos tres ejemplos <rr>, <ll> y <ch> son representaciones digráficas de consonantes simples. Por lo tanto, van con la vocal siguiente como cualquier otra consonante simple.

Práctica

A. Silabificación con consonantes simples. Escriba cada palabra de nuevo, dividiéndola en sílabas.

Ejemplo: tocado   <u>to-ca-do</u>

1. taco _____
2. pido _____
3. todo _____
4. ella _____
5. pero _____
6. Elena _____
7. perrito _____
8. tela _____
9. cajero _____
10. rábano _____
11. abogado _____
12. México _____
13. serrano _____
14. dominicano _____
15. panameña _____
16. villano _____
17. perrucho _____
18. patata _____

Combinaciones de dos consonantes

En el ejercicio anterior no hay ninguna palabra que contenga una combinación consonántica. Sin embargo, hay una gran cantidad de palabras en español que tienen tales combinaciones dentro de la palabra. En estos casos a veces no es posible mantener sílabas abiertas porque hay ciertas combinaciones de consonantes que no pueden encontrarse dentro de la misma sílaba. Un ejemplo es el sonido [s] seguido de cualquier otra consonante. Estas dos consonantes siempre se encontrarán en sílabas distintas, como en los siguientes ejemplos:

e*s*tar	e*s*-tar
e*s*colar	e*s*-co-lar
e*s*puma	e*s*-pu-ma

En cada uno de estos casos la primera sílaba es una sílaba cerrada porque termina en una consonante. Sin embargo, en varios otros casos es posible que dos consonantes se encuentren en la misma sílaba, siendo los sonidos iniciales de dicha sílaba, como en estos ejemplos:

po*tr*o	po-*tr*o
si*gl*o	si-*gl*o
si*dr*a	si-*dr*a

Se puede observar que en estas palabras se han mantenido siempre sílabas abiertas ya que todas terminan en una vocal.

¿Cómo se puede saber si la combinación consonántica puede encontrarse en la misma sílaba o no? Hay una prueba bastante sencilla y fiable que determina la posición de cada consonante dentro de la sílaba. Si la combinación de dos consonantes puede usarse para iniciar una palabra, entonces tal combinación *siempre* queda intacta, siendo los sonidos iniciales de tal sílaba. La combinación <tr>, por ejemplo, se emplea como sonidos iniciales en palabras como *tres, tropas* y *transición*. Por lo tanto, la división correcta para la palabra *potro* es *po-tro* y no *pot-ro* o *potr-o*. (El asterisco [*] indica que se trata de una forma o un caso equivocado). Otros ejemplo son los siguientes:

i*gl*esia	i-*gl*e-sia	(Existen palabras como *gl*obo y *gl*acial.)
pa*dr*e	pa-*dr*e	(Existen palabras como *dr*oga y *dr*enaje.)

En contraste con los ejemplos anteriores, hay palabras como e**ns**alada que tienen combinaciones como <ns> que no se pueden emplear al comienzo de una palabra. Es decir, que una palabra como *nsapo no puede existir en español. Por lo tanto, la división correcta es *en-sa-la-da*, y no *e-nsa-la-da* o *ens-a-la-da*. Es por esta misma razón que no hay palabras como las siguientes en español:

*star	(sino *estar*)
*scolar	(sino *escolar*)
*spuma	(sino *espuma*)

La <s> simplemente no puede encontrarse seguida de otra consonante dentro de la misma sílaba. La <e> inicial de estas palabras tiene el efecto de *separar* las dos consonantes en el sentido silábico. Por lo tanto, el hispanohablante típicamente pronuncia el préstamo monosilábico del inglés *stop* con dos sílabas: *es-top*.

Práctica

B. Silabificación con combinaciones de dos consonantes. Divida las siguientes palabras en sílabas.

Ejemplo: congelar   con-ge-lar

1. estos	_____	9. infante	_____
2. triple	_____	10. agradable	_____
3. agricultura	_____	11. palabra	_____
4. responsable	_____	12. árbol	_____
5. andamos	_____	13. pongo	_____
6. conjurar	_____	14. hidrógeno	_____
7. hablo	_____	15. alrededor	_____
8. español	_____	16. machismo	_____

C. Palabras que prueban la silabificación apropiada. Para todas las palabras en **Práctica B** que tienen una combinación de consonantes en la misma sílaba, dé por lo menos dos ejemplos de palabras en español que se inicien con la misma combinación.

Ejemplo: tri-*ple*   playa, plagio, pluma, plomo, etc.

_____

_____

_____

_____

_____

_____

_____

Combinaciones de tres y de cuatro consonantes

Se sigue el mismo principio articulado antes también para las combinaciones de más de dos consonantes. Es decir que las combinaciones que se pueden emplear para iniciar una palabra quedan intactas al comienzo de la sílaba. Las demás consonantes tienen que quedarse en posición final en la sílaba anterior. La palabra *comprobar*, por ejemplo, tiene una combinación de tres consonantes. Sabemos que la combinación <pr> puede quedarse intacta en el sentido silábico, porque hay palabras como *pregunta* y *prima* que emplean la combinación para iniciar la palabra. En cambio, ¿se puede colocar la combinación <mpr> dentro de la misma sílaba? Es obvio que no, porque no existen palabras en español como **mpregunta* o **mprima*. Por lo tanto, la división correcta es: *com-pro-bar.* La palabra *inscribir* contiene una combinación de cuatro consonantes. ¿Qué combinación se puede usar para iniciar una palabra? ¿<nscr>? ¿<scr>? ¿<cr>? Se llega fácilmente a la conclusión de que sólo la última combinación de estas posibilidades es la aceptable en español. La silabificación correcta de esta palabra, entonces, es *ins-cri-bir.*

Práctica

D. Silabificación con combinaciones de más de dos consonantes. Escriba cada palabra de nuevo, dividiéndola en sílabas.

1. instituto _____
2. comprender _____
3. destreza _____
4. entrar _____
5. complicado _____
6. destruye _____
7. instruyó _____
8. esdrújula _____
9. ejemplos _____
10. transcribir _____
11. hambre _____
12. ombligo _____
13. templado _____
14. instrumento _____
15. implicación _____

Aplicaciones

A. Silabificación de palabras dentro de un escrito original; presentaciones. Escriba un párrafo en el cual Ud. se presenta a sus compañeros de clase. Se puede incluir cualquier información histórica y los datos personales que se desean. Luego, divida silábicamente todas las palabras multisilábicas en su escrito. Muéstrele su párrafo a otro/a estudiante para ver si éste/a está de acuerdo con las divisiones silábicas que Ud. haya hecho. Luego, puede usar su párrafo para presentarse a sus nuevos compañeros de clase.

B. Análisis de un poema. En la poesía tradicional en español, es imprescindible que los poetas posean una comprensión detallada de la silabificación. En el siguiente poema "En paz", el poeta mexicano, Amado Nervo, expresa cómo se siente al acercarse al fin de su vida. (Este poema lo vamos a analizar varias veces desde diferentes perspectivas en otros capítulos también.)

1. Escriba las diecinueve palabras del poema **en negrilla** de nuevo, dividiéndolas en sílabas. (Por el momento, considere cada palabra individual como tal; en los **Capítulos 4** y **5** se aprenderá la silabificación típica en emisiones de más de una sola palabra.)

En paz

Artifex vitae, artifex sui

Muy **cerca**[1] de mi **ocaso**[2], yo te **bendigo**[3], Vida,
porque[4] **nunca**[5] me **diste**[6] ni **esperanza**[7] **fallida**[8]
ni trabajos **injustos**[9], ni pena **inmerecida**[10];

   porque veo al final de mi rudo camino
que yo fui el **arquitecto**[11] de mi propio **destino**[12];
que si **extraje**[13] las mieles o la hiel de las cosas,
fue porque en ellas puse hiel o mieles **sabrosas**[14];
cuando planté rosales, coseché siempre rosas.

   ...Cierto, a mis lozanías va a seguir el invierno:
¡mas tú no me **dijiste**[15] que mayo fuese **eterno**[16]!
   Hallé sin duda largas las **noches**[17] de mis penas;
mas no me prometiste tú sólo noches buenas;
y en cambio tuve algunas **santamente**[18] serenas...

   Amé, fui amado, el sol acarició mi faz.
¡Vida, nada me debes! ¡Vida, **estamos**[19] en paz!

1. _____
2. _____
3. _____
4. _____
5. _____
6. _____
7. _____
8. _____
9. _____
10. _____

11. _____
12. _____
13. _____
14. _____
15. _____
16. _____
17. _____
18. _____
19. _____

2. Cuando Ud. haya hecho las divisiones silábicas, en grupos pequeños lean las palabras en negrilla en voz alta, prestando atención a las divisiones silábicas apropiadas. Luego, lean la primera estrofa (los primeros tres versos, o líneas) en voz alta, todavía prestando atención a las divisiones silábicas apropiadas.

3. Exprese el mensaje central de la primera estrofa en sus propias palabras. ¿En su propia vida ha habido "trabajos injustos" o "pena inmerecida", o concuerda Ud. con el poeta? Compare su análisis u opinión con los de otros estudiantes.

Capítulo 2
La silabificación: vocales y combinaciones de vocales

El diptongo

El núcleo de la sílaba siempre es una **vocal**. Aunque a veces hay combinaciones de dos o de tres elementos vocálicos dentro de la misma sílaba, *una* de ellas siempre será el núcleo, como se ha de ver. Estas combinaciones vocálicas dentro de la misma sílaba *siempre* incluyen la vocal <i> o la vocal <u>. A estas dos vocales se les llama a menudo **vocales débiles**, porque cuando están juntas con otra vocal, se forma una combinación dentro de una sola sílaba que se conoce como un **diptongo**. La vocal débil en tales combinaciones experimenta un **deslizamiento**; es decir que la lengua se desliza desde la posición de la vocal débil (<i> o <u>) hasta la posición de la otra vocal, o viceversa, según el orden de los dos sonidos vocálicos. Unos ejemplos son los siguientes:

b*i*en; b*u*en   (La vocal débil es el primer miembro de la combinación.)
se*i*s; a*u*n   (La vocal débil es el último miembro de la combinación.)

Se puede notar el movimiento de la lengua al articular estas combinaciones. Observe también que el deslizamiento es un poco más enérgico cuando la vocal débil es el primer miembro de la combinación, como en *bien* y *buen*. Esta energía hace que la <i> o la <u> lleguen a acercarse más a un sonido consonántico, puesto que hay una menor abertura en la cavidad oral (o bucal). Se refiere a estos dos sonidos como **semiconsonantes**, por lo tanto, y se representan fonéticamente con los símbolos [j] y [w], respectivamente. Si la vocal débil es el segundo miembro de la combinación, en cambio, el sonido que resulta es menos consonántico por la mayor abertura en la cavidad oral, como en los casos de *seis* y *aun*. A estos sonidos se les llama **semivocales**, y se representan con los símbolos fonéticos [i̯] y [u̯].

Como los diptongos son combinaciones vocálicas que se encuentran en la misma sílaba, las cuatro palabras *bien, buen, seis* y *aun*, por lo tanto, constan de una sola sílaba. Algunas palabras multisilábicas que contienen diptongos son las siguientes, con los símbolos fonéticos en cursiva.

naciones   (na-c*j*o-nes)   aire   (a*i̯*-re)
vuelvo   (v*w*el-vo)   auricular   (a*u̯*-ri-cu-lar)

En los casos en que hay dos vocales débiles (<i> y <u>) juntas, la primera funciona como la semiconsonante y la segunda será la **vocal nuclear**, o sea que ésta formará el núcleo de la sílaba:

cuidado (c*w*i-da-do)   ciudad   (c*j*u-dad)

Práctica

A. Diptongos y la silabificación. Escriba cada palabra de nuevo, dividiéndola en sílabas y empleando los símbolos fonéticos [j], [i̯], [w] o [u̯] para indicar las semiconsonantes y las semivocales. (Por el momento no se usarán otros símbolos fonéticos.)

    Ejemplo: hacia   <u>ha-cja</u>

1. fuente   _____
2. Europa   _____
3. criollo   _____
4. veinte   _____
5. cuarenta   _____
6. viuda   _____
7. continuo   _____
8. ausente   _____
9. conciliación _____
10. peine   _____
11. dieciséis   _____
12. ruido   _____
13. supuesto   _____
14. boina   _____
15. aunque (Ojo:
    un solo diptongo) _____

El triptongo

También es posible que haya tres vocales dentro de la misma sílaba que forman un **triptongo**. Estos casos son mucho menos frecuentes en español que los diptongos, pero ocurren con bastante frecuencia para que los analicemos aquí. En el triptongo, las vocales siempre siguen el orden *semiconsonante—vocal—semivocal*, lo que implica que habrá siempre una vocal fuerte rodeada de dos vocales débiles. Dos ejemplos monosilábicos son los siguientes:

    buey   [bwei̯]   miau   [mjau̯]

En todos los otros casos en que hay dos vocales juntas dentro de la misma palabra, es decir, vocales fuertes (<a>, <e> y <o>), normalmente no habrá diptongo sino sílabas distintas. (Las excepciones dialectales las dejamos para los capítulos sobre las variantes regionales.) Cuando existe este tipo de separación silábica, se dice que las vocales están en **hiato**.

    leo   (le-o)   bacalao   (ba-ca-la-o)
    fealdad   (fe-al-dad)   creer   (cre-er)

También hay otros casos similares en que las vocales <i> y <u> están en hiato con otra vocal, debido al hecho de que aquélla lleva un acento ortográfico, pero estos casos los vamos a dejar para el **Capítulo 3**.

Práctica

B. Diptongos, triptongos, vocales en hiato y la silabificación. Escriba de nuevo las siguientes palabras, dividiéndolas en sílabas y empleando los símbolos [j], [i̯], [w] o [u̯] para las semiconsonantes y las semivocales. En este ejercicio habrá diptongos, triptongos, así como vocales en hiato.

Ejemplos:		
	agua	a-gwa
	estudiáis	es-tu-djai̯s
	feo	fe-o

1. viento
2. democracia
3. aplaudió
4. cuestan
5. crear
6. muy
7. Buenos
8. Aires
9. aéreo
10. correo
11. corrió
12. europeo
13. averigüáis
14. Uruguay
15. paraguaya
16. inscripción
17. confiáis
18. ¡Miau!

C. Silabificación. En las siguientes frases, subraye cada diptongo o triptongo y trace un círculo alrededor de cada par de vocales en hiato dentro de las palabras. Luego, cuenta las sílabas en cada frase e indica cuántas hay en el espacio a la derecha de la frase. (Por el momento, considere cada palabra individual como tal; en los **Capítulos 4** y **5** se estudiará la silabificación típica en emisiones de más de una sola palabra.)

Ejemplo: En Paraguay no se pesca bacalao ni huachinango.   17

1. El maestro pide que ustedes analicen la silabificación. ___
2. Mis amigos Diego y Mario me quieren visitar en esta aula. ___
3. Creo que el trofeo está en el estante. ___

4. Los murciélagos supuestamente vuelan en las cuevas. ____
5. Vosotros no estudiáis en el teatro por el ruido ahí. ____
6. Tú cuentas muy bien las sílabas en este ejercicio. ____
7. Nuestra tarea es la de leer y estudiar esta lección. ____
8. Hay quienes esperan un galardón después de esta vida. ____

Aplicación

Análisis de un poema. Haga las siguientes actividades sobre la silabificación y el contenido del poema "En paz".

1. Escriba cada palabra que está en negrilla del poema de Nervo, dividiendo cada una en sílabas. Use los símbolos fonéticos para las semiconsonantes [j] y [w], y las semivocales [i̯] y [u̯] donde sea apropiado.

En paz

Artifex vitae, artifex sui

Muy[1] cerca de mi ocaso, yo te bendigo, Vida,
porque nunca me diste ni esperanza fallida
ni trabajos injustos, ni pena inmerecida;

porque **veo**[2] al final de mi rudo camino
que yo **fui**[3] el arquitecto de mi propio destino;
que si extraje las **mieles**[4] o la **hiel**[5] de las cosas,
fue porque en ellas puse hiel o mieles sabrosas;
cuando[6] planté rosales, coseché **siempre**[7] rosas.

...**Cierto**[8], a mis lozanías va a seguir el **invierno**[9]:
¡mas tú no me dijiste que mayo **fuese**[10] eterno!
Hallé sin duda largas las noches de mis penas;
mas no me prometiste tú sólo noches **buenas**[11];
y en **cambio**[12] tuve algunas santamente serenas...

Amé, fui amado, el sol **acarició**[13] mi faz.
¡Vida, nada me debes! ¡Vida, estamos en paz!

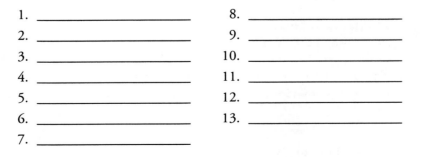

1. _____	8. _____
2. _____	9. _____
3. _____	10. _____
4. _____	11. _____
5. _____	12. _____
6. _____	13. _____
7. _____	

2. Cuando Ud. haya hecho las divisiones silábicas, en grupos pequeños lean las palabras en negrilla en voz alta, prestando atención a las divisiones silábicas apropiadas. Luego, lean la segunda estrofa en voz alta, todavía prestando atención a las divisiones silábicas apropiadas.

3. Explique lo que representan las palabras *mieles* y *hiel.* ¿En su propia vida cosechó Ud. siempre rosas cuando plantó rosales, hablando metafóricamente? ¿Concuerda Ud. con lo que afirma el poeta? (Emplee la silabificación apropiada en su habla.)

Capítulo 3

El empleo del acento ortográfico en la silabificación

Vocales nucleares y no-nucleares

Cómo se mencionó en el **Capítulo 2**, el acento ortográfico (´) en algunos casos refleja la silabificación de las palabras. Como bien se sabe ahora, las vocales <i> y <u> a menudo se combinan con otra/s vocal/es para formar diptongos y triptongos dentro de la sílaba. Es por esto que se describen tradicionalmente estas dos vocales como "débiles". Sin embargo, en los casos en que la <i> y <u> son nucleares, es decir, estas vocales *no* forman diptongos en conjunto con otra vocal, se indica este hecho en la ortografía mediante el acento ortográfico. Observe los siguientes ejemplos:

hacia (preposición)	ha-cja
hac*í*a (1ª / 3ª persona, imperfecto de *hacer*)	ha-ci-a
continuo (adjetivo)	con-ti-nwo
contin*ú*o (1ª persona, presente de *continuar*)	con-ti-nu-o

En tales casos el acento ortográfico refleja la falta de un diptongo e indica la existencia de otra sílaba en que la <i> o la <u> funciona como una vocal nuclear, estando en hiato con la vocal contigua.

Letras ortográficas y símbolos fonéticos

Hace falta también notar aquí que hay casos en que la letra <u> no representa ningún sonido, y no es, por lo tanto, parte de un diptongo, ni está en hiato con otra vocal. Aquí hay dos ejemplos con las transcripciones fonéticas correspondientes para indicar que a veces esta letra ortográfica no tiene ningún valor *fonético*.

que	[ke]	no *[kwe]
Miguel	[mi.gél]	no *[mi.gwél]

Aquí los corchetes ([ ]) indican que se representan estas palabras mediante transcripciones *fonéticas*. Es decir que cada símbolo entre los corchetes representa un *sonido*. Hay que tomar en cuenta que los símbolos "< >" indican letras *ortográficas*.

Aunque se aprenderá en el **Capítulo 17** que la <g> tiene una variante fonética que se representa con el símbolo [ɣ] en palabras como [mi.ɣel], por el momento no se incluye tal detalle en ésta o en otras transcripciones fonéticas en esta parte del texto. Sin embargo, es la pronunciación lo que importa en las transcripciones y no la ortografía. En estos últimos ejemplos la <u> no se pronuncia; por lo tanto no aparece en ninguna forma en la transcripción puesto que no tiene valor *fonético* alguno. Estas convenciones ortográficas y otras se analizarán en detalle en el **Capítulo 7**.

Práctica

A. Silabificación con y sin el acento ortográfico. Escriba las siguientes palabras de nuevo, dividiéndolas en sílabas. Use los símbolos [j], [i̯], [w] y [u̯] para semiconsonantes y semivocales donde sea apropiado.

Ejemplos: hacia   ha-cja
              librería   li-bre-rí-a

1. burocracia _____
2. demografía _____
3. policíaca _____
4. baúl _____
5. cual _____
6. grúa _____
7. quien _____
8. guitarra _____
9. ataúd _____

10. variar _____
11. varía _____
12. farmacia _____
13. gustaría _____
14. sintiera _____
15. continuó _____
16. insinúo _____
17. insinuar _____

B. Silabificación. En las siguientes oraciones, subraye los diptongos y los triptongos y trace un círculo alrededor de las vocales en hiato dentro de la palabra. Luego, indique la silabificación de todas las palabras en la oración, indicando también las semiconsonantes y las semivocales. (Por el momento, siga considerando cada palabra individual como tal; en los **Capítulos 4** y **5** se estudiará la silabificación típica en emisiones de más de una sola palabra.)

Ejemplo: Mar<u>io</u> y Mar⓪a pronunc<u>ia</u>n mal pero l<u>ⓔⓔ</u>n b<u>ie</u>n.
              Ma-rjo y Ma-ri-a pro-nun-cjan mal pe-ro le-en bjen.

1. Nuestros abuelos pelearon valientemente en la Segunda Guerra Mundial.

_____

_____

2. La pronunciación de aquel sonido es típica del leonés.

_____

_____

3. El estudio de la geometría no está limitado a los genios.

_____

_____

4. Vosotros os fiáis de vuestros maestros, quienes no causan confusión.

_____

_____

5. Hay alambre de púa en el campo para que las bestias domésticas no huyan de las fincas.

_____

_____

6. Enrique viajó primero a Venezuela y luego a Uruguay.

_____

_____

Aplicación

Análisis de un poema. Haga las siguientes actividades sobre la silabificación, la sinalefa y el contenido del poema "En paz".

1. Cuente el número total de sílabas en cada verso (línea) del poema de Nervo, considerando la silabificación de las palabras *individualmente* y escriba este número en el *primer* espacio llamado *sin* (*sinalefa*) a la derecha del verso. Después, siga las instrucciones abajo en la parte 2 para la columna llamada *con*. El término *sinalefa* se explicará allí.

En paz

Artifex vitae, artifex sui

	sinalefa	
	sin	con
Muy cerca de mi ocaso, yo te bendigo, Vida,	15	14
porque nunca me diste ni esperanza fallida	___	___
ni trabajos injustos, ni pena inmerecida;	___	___
porque veo al final de mi rudo camino	___	___
que yo fui el arquitecto de mi propio destino;	___	___
que si extraje las mieles o la hiel de las cosas,	___	___
fue porque en ellas puse hiel o mieles sabrosas;	___	___
cuando planté rosales, coseché siempre rosas.	___	___
...Cierto, a mis lozanías va a seguir el invierno:	___	___
¡mas tú no me dijiste que mayo fuese eterno!	___	___
Hallé sin duda largas las noches de mis penas;	___	___
mas no me prometiste tú sólo noches buenas;	___	___
y en cambio tuve algunas santamente serenas...	___	___
Amé, fui amado, el sol acarició mi faz.	___	___
¡Vida, nada me debes! ¡Vida, estamos en paz!	___	14

2. Lea primero la siguiente información sobre la sinalefa en la poesía.

> En la versificación tradicional de la poesía, el procedimiento normal es el de emplear lo que se llama la **sinalefa** entre palabras, un fenómeno que también ocurre típicamente en el habla normal, como se verá en el **Capítulo 4.** Esto se hace en la poesía cuando una palabra termina en una vocal y la palabra siguiente comienza con una vocal; tal combinación vocálica se cuenta como si fuera una sola sílaba. Éste es el caso en el primer verso para *mi ocaso* que tiene un total de tres sílabas, puesto que *mi o* se cuenta como una sola sílaba a causa de la sinalefa. Mediante este procedimiento el verso entero contiene catorce sílabas y no quince. Otra práctica normal (entre varias otras que no se detallarán aquí, puesto que no son necesarias para este poema específico) es la de añadir una sílaba extra cuando la última palabra del verso termina con una sílaba tónica (*stressed*). Éste es el caso en los últimos dos versos. El último verso, por lo tanto, contiene catorce sílabas (no olvidándonos de la sinalefa), según la tradición. (Se analizará el ritmo silábico del español en los **Capítulos 11** y **12**.)

Ahora, cuente las sílabas de cada verso según estas normas para la poesía y coloque el número total en el *segundo* espacio *con* (*sinalefa*) a la derecha del verso. ¿Hay una tendencia general en esta silabificación en cuanto al número de sílabas en cada verso? Luego, busque el término *alejandrino* en un diccionario o glosario literario. ¿Qué tiene que ver el alejandrino con este poema?

3. Cuando Ud. haya contado las sílabas, en grupos pequeños lean las últimas dos estrofas en voz alta, todavía prestando atención a las divisiones silábicas apropiadas, y sin separar las vocales entre palabras.

4. Exprese el mensaje central de las últimas dos estrofas en sus propias palabras. Explique lo que representan las palabras *invierno* y *mayo*. ¿Cómo es que "fui amado" puede ser un juego de palabras? (Considere el nombre de pila del poeta.) ¿Cuál es el mensaje central del poema en su totalidad? ¿Está Ud. de acuerdo con esta idea? (Emplee la sinalefa en su conversación.)

CAPÍTULO 4

El enlace entre vocales y entre consonantes y vocales

El golpe de glotis del inglés

En inglés hay una tendencia de separar las palabras de una oración por medio de ciertas técnicas, una de las cuales es el **golpe de glotis**, [ʔ]. Por ejemplo, cuando se articula la frase sintagmática (*phrase*) *be eager*, el angloparlante a menudo tiende a emplear este golpe de glotis entre las vocales <e> de *be* y <e> de *eager* para que haya una separación fonética entre las palabras. Esto se hace muy pocas veces en español en la mayoría de los dialectos, aunque puede ocurrir en el habla muy enfática. Normalmente se articulan las palabras de una oración como si ésta constara de una sola palabra larga (sin golpes de glotis). Por lo tanto, en la frase sintagmática *una estudiante*, bajo circunstancias normales no debe haber ninguna separación entre las palabras, especialmente una causada por un golpe de glotis:

[u.na‿es.tu.dján.te]
pero *no*: *[u.na.ʔes.tu.dján.te]

Note de nuevo que se indica que ésta es una transcripción fonética mediante el uso de corchetes ([ ]); dentro de las transcripciones se indican divisiones silábicas mediante el punto (.).

El enlace

Esta tendencia a evitar la separación entre las palabras de una oración en español se conoce por el término **enlace**. Tomando como ejemplo la oración *¿Qué va a hacer?*, demostramos la manera en que se indica el enlace entre sílabas en la transcripción fonética:

[ké.ba‿a‿a.sér]

Además del enlace, se debe recordar que la <u> de *qué* no tiene valor fonético y que la <h> de *hacer* tampoco lo tiene. Se puede ver que hay enlace cuando una palabra termina en un sonido vocálico y la próxima palabra empieza con un sonido vocálico, a veces a pesar de la ortografía.

También hay enlace cuando una palabra termina en una consonante y la siguiente empieza con una vocal. En este tipo de enlace se está indicando que dicha consonante en posición final en realidad pertenece a la primera sílaba de la palabra siguiente, hablando en términos fonológicos. (Hay que recordar que el español prefiere las sílabas abiertas; así se crea otra de éstas.) La siguiente es una transcripción de la oración, *Hablas en español*.

[á.blas‿en‿es.pa.ñól]

Estos dos casos de enlace en la frase anterior nos indican que esta oración, en realidad, se articula en la siguiente forma, así creando dos sílabas abiertas más:

[á.bla.se.nes.pa.ñól]

También habrá enlace entre dos consonantes si éstas son la misma consonante, como en el caso de la frase sintagmática *el lago*:

[el‿lá.go]

En este ejemplo, las dos eles se articulan como si fueran una sola. El efecto de este enlace también es el de crear otra sílaba abierta:

[e.lá.go]

Repasando los ambientes en los cuales se emplea el enlace, se puede expresar las reglas usando los siguientes símbolos lingüísticos:

##	=	división entre palabras
V	=	vocal
C	=	consonante
C_1/ C_1	=	la misma consonante

Hay enlace en los siguientes ambientes fonéticos:

V##V	(mi hermana)	[mi‿er.má.na]
C##V	(las hermanas)	[las‿er.má.nas]
C_1##C_1	(las serenas)	[las‿se.ré.nas]

No hay enlace en los siguientes ambientes fonéticos, puesto que tales combinaciones no pueden encontrarse tampoco en la misma sílaba *dentro* de las palabras:

V##C	(mi cuñado)	[mi.ku.ñá.do] (sin enlace)
C_1##C_2	(los cuñados)	[los.ku.ñá.dos] (sin enlace)

Por supuesto, hay enlace también entre las vocales dentro de una palabra como *leer*: [le‿ér]; es decir que no habrá golpe de glotis: *[le.ʔér]. Como éste es normalmente el caso tanto en el español como en el inglés, no se le pide a Ud. que indique explícitamente el enlace dentro de las palabras. Hay, sin embargo, algunos angloparlantes que sí usan un golpe de glotis dentro de ciertas palabras para separar combinaciones vocálicas, como lo hacía el famoso locutor deportivo, Howard Cosell. Un ejemplo es la palabra *Indiana* en que tales personas pueden incluir un golpe de glotis dentro de la palabra en esta forma: [ɪn-di-ʔǽ-na]. Tal práctica es poco común en la gran mayoría de los dialectos del español. La articulación española será más bien: [ɪn-djá-na].

Práctica

A. Silabificación y práctica oral. Escriba las oraciones siguientes, haciendo las separaciones silábicas apropiadas y usando los símbolos fonéticos que Ud. ya conoce. Luego, indique todos los posibles casos de enlace entre palabras. Después, trabajando con unos compañeros de clase, lean cada oración en voz alta *sin pausas*, empleando siempre el enlace en los ambientes fonéticos apropiados.

> **Ejemplo:**   Tú vas a visitar a tu hijo Manuel.
>
> Tu vas‿a vi-si-tar‿a tu‿hi-jo Ma-nwel.

1. En el oeste de Argentina se pronuncia la erre de una forma distinta.

_____

_____

2. Es mi hermano Alfredo quien tiene tanto talento en la natación.

_____

_____

3. Los otros estudiantes cuentan el dinero que tienen en el banco.

_____

_____

4. En el Hotel Orlando hay montones de empleados de procedencia mexicana.

_____

_____

5. Enrique va a estudiar en la biblioteca esta misma noche.

_____

_____

6. No hubo tantos problemas con la tecnología en el año 2000 como algunos habían predicho.

_____

_____

7. ¿Habrá suficiente nieve para los próximos Juegos Olímpicos de Invierno?

_____

_____

8. Estas ocho oraciones serán suficientes por el momento.

_____

_____

B. Enlace. Vuelva a la **Práctica C** del **Capítulo 2** (página 15) y añada el símbolo "‿" a las oraciones para indicar el enlace. Luego haga esto para la **Práctica B** del **Capítulo 3** (pág. 19).

Aplicaciones

A. Análisis de un poema. Vuelva al poema "En paz" de la **Aplicación** al final del **Capítulo 3** (página 20) y haga las siguientes actividades.

1. Lea cada verso individual sin pausas (a pesar de la puntuación), aplicando el enlace en los ambientes apropiados. Luego, añada el símbolo "‿" a la versión escrita para indicar todos los casos de enlace dentro de cada verso.

   Ejemplo: Muy cerca de mi‿ocaso, yo te bendigo, Vida

2. Aplicando el principio del enlace, explíqueles a unos compañeros de clase cómo Ud. va a ser el/la arquitecto/a de su propia vida en los próximos cinco años.

B. El enlace en un trabajo escrito original sobre los hispanos/latinos del pueblo o de la ciudad de Ud. ¿Qué sabe Ud. de la comunidad de habla española en su pueblo o ciudad natal (u otro lugar)? ¿De dónde vienen estas personas típicamente? ¿Por qué han venido? ¿Se sienten a gusto allí? Si no sabe mucho, entreviste a alguna persona de habla española que sepa más de la situación. Luego, escriba por lo menos *dos* párrafos sobre los hispanos/latinos en su comunidad como si fuera para leerlos en una emisora de radio local para hispanoparlantes y (en una actividad futura) publicarlos en algún periódico local en español. Escrito su trabajo, escriba una nueva versión de él en que Ud. indica las divisiones silábicas, las semiconsonantes y semivocales, y cada posible caso del enlace. Luego, lea su trabajo en voz alta para unos compañeros de clase, empleando siempre el enlace donde sea apropiado. Guarde este escrito porque lo necesitará en futuros capítulos.

Capítulo 5

Más allá del enlace

Más allá de las palabras individuales

Ya analizamos los nexos fonológicos entre las palabras de una frase u oración en el **Capítulo 4**, los cuales hemos indicado mediante el símbolo "‿". En los análisis que se han hecho hasta el momento se han tratado las palabras individuales precisamente como tal, es decir, individualmente. Sin embargo, en el habla normal del español, y especialmente en el habla rápida e informal, las frases y oraciones típicamente se producen como si constaran de una sola palabra. En el presente capítulo Ud. aprenderá a hacer este tipo de silabificación para reflejar este fenómeno tan típico del español. Luego, en el **Capítulo 8** se comenzará a aplicar estos conceptos a la transcripción fonética.

El enlace silábico entre consonante y vocal

Como ya se sabe, si una palabra termina en una consonante y la próxima palabra (sin que haya una pausa entre las dos palabras) comienza con una vocal, normalmente habrá enlace, como en los siguientes ejemplos:

un alma   un‿al-ma
los olmos   los‿ol-mos

Hay que tener en cuenta que en el español se prefieren las sílabas abiertas —las que terminan en una vocal. Los dos ejemplos de arriba demuestran este hecho. Sin embargo, las siguientes transcripciones de las mismas frases sintagmáticas reflejan aun mejor la realidad silábica, notando también que en la transcripción vamos a usar el punto (.) para separar las sílabas. (Note que, por el momento, no vamos a indicar las sílabas tónicas.)

[u.nal.ma]
[lo.sol.mos]

Desde ahora en adelante, entonces, se indicará el enlace de *consonante* + *vocal* entre palabras en la forma que se observa en estos últimos dos ejemplos.

Práctica

A. **Transcripciones y práctica oral con el enlace silábico entre *consonante* + *vocal* entre palabras.** Transcriba cada frase sintagmática u oración, indicando las separaciones silábicas como si la frase contara de una sola palabra, siguiendo el ejemplo. Por el momento, sólo use los símbolos fonéticos que se han aprendido hasta este punto. Luego, lea cada una en voz alta con esta silabificación.

Ejemplo: Van al instituto   [va.na.lins.ti.tu.to]

1. el indio
2. aquel estudiante
3. estos escritorios
4. diez alumnas
5. Juegan entonces.
6. ciudad hermosa
7. Todos huelen.
8. reloj útil
9. un actor importante
10. Buscan ideas.
11. Visitan el Alcázar.
12. ¿Tienes hambre?
13. unos oclusivos uvulares
14. Mis amigos estudian allí.
15. Los Ángeles está nublado.

La reducción consonántica

Otro fenómeno que ocurre muy comúnmente en el habla normal es la reducción consonántica. Tal reducción ocurre típicamente cuando una palabra termina en una consonante y la próxima palabra (sin que haya una pausa) comienza con la *misma* consonante. Las dos consonantes se pronuncian, entonces, como si fueran una sola, como en los siguientes ejemplos:

    el lago   [e.la.go]
    es Sara   [e.sa.ra]

Hay que notar que la consonante reducida siempre se encuentra al comienzo de la siguiente sílaba, puesto que en el español se prefieren las sílabas abiertas.

La reducción vocálica

Semejante a la reducción consonántica, la reducción vocálica ocurre más típicamente cuando una palabra termina en una vocal y la próxima palabra comienza con la *misma* vocal. En la silabificación se indica una sola vocal, entonces, como en los siguientes ejemplos:

    este estudiante   [es.tes.tu.djan.te]
    río Orinoco   [ri.o.ri.no.co]

Observe que una vez desparecida una de las vocales se aplica la silabificación como si la frase sintagmática constara de una sola palabra. También es bastante común que la vocal restante sea un poquito más larga que las demás vocales, aunque típicamente no dos veces más larga. Si se desea, se puede indicar la pequeña diferencia en la duración de tales vocales mediante los dos puntos (:), como en las siguientes transcripciones de las frases anteriores:

[es.te:s.tu.djan.te]
[ri.o:.ri.no.co]

Conviene notar que la silabificación queda igual, con o sin los dos puntos. Si se desea, los dos puntos se podrán emplear en la transcripción fonética.

A veces la reducción se aplica a más de dos vocales seguidas. En el siguiente ejemplo la vocal [a] ocurre tres veces seguidas, pero se reduce a una sola vocal en el habla rápida:

Va a hacer bien.   [ba.ser.bjen] / [ba:.ser.bjen]

Observe que se ha eliminado la <h> en este último ejemplo, dado que no representa ningún sonido, vocálico o consonántico. (Se estudiará más sobre tales fenómenos en el **Capítulo 8** sobre la transcripción fonética.)

La reducción vocálica también puede ocurrir en algunos dialectos del español *dentro* de las palabras, como en el caso de leer: [le:r]. Es normal en cualquier dialecto que haya reducción consonántica dentro de las palabras, como por ejemplo en *innecesario*: [i.ne.ce.sa.rjo].

Práctica

B. Transcripciones y práctica oral con la reducción vocálica y consonántica. Transcriba las siguientes frases u oraciones aplicando la reducción vocálica y consonántica donde sea posible. Luego, léalas en voz alta para algunos compañeros de clase.

Ejemplo: un niño obstinado   [u.ni.ñobs.ti.na.do] / [u.ni.ño:bs.ti.na.do]

1. la actitud
2. una alcoba
3. esa alucinación
4. un nicaragüense
5. Le envío ocho.
6. ese estudiante extra
7. mi ingeniero
8. mi hijo Óscar Ruiz
9. casi ignorante
10. el israelí inquieto
11. Comimos secretamente.
12. Lo odio obstinadamente.
13. otro oso horrible
14. Pablo Ordóñez Suárez
15. tu ubicación natural

16. Va a actuar Reinaldo. _____

17. ocho orejas _____

18. Sí, hijito. _____

19. una alcachofa _____

20. con ningún nigromante _____

21. la aldeana alta _____

22. una ciudad de emigrantes _____

La diptongación entre palabras

Otro fenómeno muy común relacionado con la sinalefa en el habla rápida e informal del español es la diptongación entre palabras cuando hay presente por lo menos una vocal débil, o al final de una palabra o al comienzo de la siguiente. Se recordará que las vocales débiles son <i> y <u> (aunque en ciertos dialectos del español <e> y <o>, respectivamente, se usan como vocales débiles, como se verá en el **Capítulo 24**). En estas circunstancias las vocales débiles se convierten en semiconsonantes o semivocales, según las reglas que ya se han aprendido. Una vez más, uno simplemente considera una frase o una oración como si constara de una sola palabra, como en los siguientes casos:

casi olvidado	[ca.sjol.vi.da.do]	(semiconsonante)
esta idea	[es.tai̯.de.a]	(semivocal)
siete u ocho	[sje.te.wo.cho]	(semiconsonante)
la unidad	[lau̯.ni.dad]	(semivocal)

Conviene recordar que una vocal débil entre dos otras vocales llega a ser una semiconsonante (*no* una semivocal) y va silábicamente con la vocal que le sigue, como en el penúltimo ejemplo.

Práctica

C. **Transcripciones y práctica oral con la diptongación entre palabras.** Transcriba las siguientes frases u oraciones, aplicando la diptongación entre palabras y cualquier otro proceso posible que Ud. ha aprendido en este capítulo, donde sea posible. Luego, léalas en voz alta con atención especial a la diptongación.

Ejemplo: la indiferencia [lai̯n.di.fe.ren.cja]

1. su hotel _____
2. tu interés _____
3. gente indígena _____
4. estado unido _____
5. Se inscribió ilegalmente. _____
6. Mi oso huele mal. _____
7. Viaja a Iraq. _____
8. francés e inglés _____
9. siete u ocho _____

10. aislado o unido   _____

11. francés y alemán   _____

12. Comió y salió.   _____

13. Llegó y entró.   _____

14. Lo veía ya.   _____

15. mi auto inglés   _____

16. una imbécil   _____

17. tu hermano   _____

18. ese huésped   _____

19. Comió huesos.   _____

20. casi allí ahora   _____

21. la universidad   _____

D. Práctica escrita y oral con la silabificación. Escriba de nuevo las siguientes oraciones, aplicando todos los procesos aprendidos en este capítulo siempre que sea posible. Luego, léalas en voz alta.

1. Mi tía Alicia se divorció inmediatamente de mi tío Orlando.

   _____

   _____

2. Aquella institución ha sida una universidad desde el primero de enero de 1891.

   _____

   _____

3. ¿El esfuerzo aliado en la guerra obtendrá algún éxito?

   _____

   _____

4. Lo que va a hacer tu amigo es común y ordinario ahora.

   _____

   _____

5. Cuando iba a morir Isabel, vio instantáneamente una escena anterior de su vida amenazada.

   _____

   _____

6. Caminando alrededor del lago, Paz se enteró del oso que habita allí.

   _____

   _____

Aplicaciones

A. Más allá del enlace en su párrafo original. Vuelva a la **Aplicación B** del **Capítulo 4** (página 25). Escriba las oraciones de su trabajo de nuevo como si constaran de una sola palabra, incluyendo los siguientes aspectos donde sea posible:

- la reducción consonántica y vocálica entre palabras
- la diptongación entre palabras

Después, lea el trabajo en voz alta para unos compañeros de clase, tratando cada oración como si constara de una sola palabra, como en tu transcripción.

B. Análisis del habla de un/a hispanoparlante. Haga las siguientes actividades.

1. Busque a alguna persona de habla española y pídale que comente por lo menos dos temas: uno relativamente neutro y no emocionante, como sus datos personales (nombre, domicilio, trabajo, etc.) y otro que le pudiera provocar un poco de emoción. Por ejemplo, si vino a Estados Unidos de otro país, podría preguntarle cuál fue el aspecto más difícil de la cultura estadounidense al que tuvo que acostumbrarse. O podría preguntarle si le parecía que los norteamericanos eran fríos, o si se sintió aislado/a de los demás al llegar aquí. Si el/la entrevistado/a se lo permite, grabe sus comentarios. Si esto no es posible, use una o más de las grabaciones en el CD para esta actividad. Luego, haga un análisis de los fenómenos presentados en este capítulo: la silabificación entre palabras, incluyendo la reducción consonántica y vocálica, y la diptongación entre palabras. Dé ejemplos de cada uno de estos aspectos. Guarde su grabación para futuros análisis.

2. Compare el punto de vista de su entrevistado/a con los de las personas entrevistadas por varios estudiantes de la clase. Luego, comparen los puntos de vista de estas personas con los de Uds. ¿Hay diferentes perspectivas según la cultura de uno, o son más bien diferencias individuales? Al hablar entre Uds., apliquen los fenómenos de silabificación estudiados en este capítulo.

Repaso

Unidad 1
Capítulos 1–5

Prepare las respuestas a las siguientes preguntas o dé ejemplos, según el caso, en una hoja de papel aparte. Luego, compare sus respuestas con las de otros estudiantes.

1. ¿Qué quieren decir los términos sílaba "abierta" y "cerrada"? Dé ejemplos en español.
2. Explique las reglas de silabificación en cuanto a las consonantes dentro de las palabras. ¿Dónde se colocan las consonantes silábicamente cuando hay una sola consonante dentro de la palabra? ¿Cuándo hay dos? ¿tres? ¿cuatro? Dé ejemplos originales para cada categoría.
3. ¿Qué son semiconsonantes y semivocales? ¿Qué combinaciones de elementos vocálicos forman tales fenómenos? ¿Cuáles son los símbolos fonéticos que representan estos sonidos? Dé varios ejemplos dentro de palabras individuales de cada semiconsonante y de cada semivocal.
4. Explique lo que es un triptongo. Dé varios ejemplos originales de palabras que contienen triptongo.
5. ¿Qué es lo que refleja el acento ortográfico a veces en cuanto a las divisiones silábicas (en relación con las vocales "débiles")? Dé ejemplos de pares de palabras cuya silabificación sea diferente según la presencia o ausencia de un acento ortográfico.
6. ¿Cuál es el propósito del golpe de glotis [ʔ] en inglés? ¿Es tan común en español como en inglés? Explique lo que es el enlace y, usando frases u oraciones cortas, dé varios ejemplos originales para ilustrar los diferenes tipos de combinaciones que pueden ser enlazadas. Explique también lo que es la sinalefa.
7. Explique en qué circunstancias hay típicamente una reducción consonántica y vocálica entre palabras en una oración. Dé varios ejemplos originales de los dos fenómenos.
8. Explique en qué circunstancias hay típicamente una diptongación entre dos palabras de una oración. ¿Se le ocurre a Ud. algún caso en que pudiera haber una triptongación entre palabras?

Unidad 2

La ortografía y la transcripción fonética

Capítulo 6

La acentuación y el acento ortográfico

Los usos del acento ortográfico

En el **Capítulo 3** analizamos el papel del **acento ortográfico** (´) en la silabificación. En el presente capítulo se analizará el papel de este acento ortográfico, o la falta del mismo, en la acentuación de las palabras en español en un contexto más generalizado.

Todos los que han estudiado el español se darán cuenta de que hay ciertas palabras que deben llevar un acento ortográfico. Sin embargo, hay números significativos de personas, incluso muchos hispanoparlantes, que se sienten inseguros con la colocación apropiada del acento ortográfico. En este capítulo se demostrará por qué un conocimiento profundo de las reglas relacionadas con la acentuación será sumamente útil no sólo para la pronunciación sino también para la destreza ortográfica en el español.

El acento ortográfico tiene esencialmente dos usos: 1) para indicar las excepciones a las reglas de acentuación, y 2) para distinguir ortográficamente entre las palabras que, de otro modo, se escribirían totalmente igual, pero que tienen significados distintos (e.g., *mas* y *más*), y/o que pertenecen a categorías gramaticales distintas (e.g., *se*, pronombre; *sé*, verbo.) Primero, se analizarán los usos del acento ortográfico relacionados con las reglas de acentuación.

Sílabas tónicas y átonas

La gran mayoría de las palabras **multisilábicas** (de dos sílabas o más) en español tienen una sílaba **tónica**, o sea, una sílaba acentuada. En contraste con las sílabas tónicas en inglés, que a veces tienen la tendencia a ser mucho más largas que otras sílabas, las sílabas tónicas del español, aunque a menudo son un poco más largas que las demás sílabas, no manifiestan un contraste tan grande de duración como se observa frecuentemente en el inglés, por lo menos en la mayoría de los dialectos. Además de esta diferencia de duración, para una sílaba tónica en español se emplea típicamente un **tono** que sube, lo que normalmente no ocurre en las sílabas **átonas**, o sea, aquellas que no llevan acentuación. En el sistema ortográfico del español, esta acentuación es automática en la mayoría de los casos, según dos reglas sencillas que se presentarán más adelante. Sin embargo, hay una cantidad significativa de excepciones a estas dos reglas. En estos últimos casos se requiere la colocación de un acento ortográfico sobre la vocal tónica de la palabra para indicar que tal acentuación representa una excepción a las reglas.

Tónica = acentuada

Reglas de acentuación

En español, para determinar cuál debe ser la sílaba tónica, siempre comenzamos con la última sílaba y contamos de derecha a izquierda.

- Si la última sílaba es la tónica, la palabra es **aguda**: ba-na-*nal*
- Si la tónica es la penúltima, entonces se trata de una palabra **llana,** la cual es la categoría más numerosa en español: ba-*na*-na.
- Para las palabras **esdrújulas**, el acento recae sobre la antepenúltima sílaba: pres-*bí*-te-ro.
- En el caso de las palabras **sobreesdrújulas**, la sílaba tónica es inmediatamente anterior a la antepenúltima: *dí*-ga-me-lo.

Regla número uno de acentuación

La primera regla prescribe que si una palabra termina en una vocal (<a>, <e>, <i>, <o> o <u>), o en las consonantes <n> o <s>, la sílaba tónica será automáticamente la penúltima, o sea que tal palabra será llana. Conviene notar que se refiere aquí a vocales y consonantes *ortográficas* mediante el símbolo < >. Por lo tanto, la <z> no aparece en esta regla con la <s> aunque las dos representan el mismo sonido en el español latinoamericano y en el español de unas regiones al sur de España, como se verá en más detalle en los **Capítulos 23** y **24**. Las palabras cuya sílaba tónica es la penúltima son llanas, como en los siguientes ejemplos:

sinalefa	si-na-*le*-fa
tribu	*tri*-bu
consiguen	con-*si*-guen
lunes	*lu*-nes

Cualquier palabra llana que no termine con una vocal, <n> o <s>, es decir, que termine en cualquier otra consonante, requerirá un acento ortográfico para indicar que es una excepción a esta regla, como en los siguientes ejemplos:

árbol	*ar*-bol
lápiz	*la*-piz
automóvil	au-to-*mo*-vil

Conviene señalar aquí que también hay casos en que las palabras llanas llevan acento porque una vocal, que de otro modo sería débil, está en hiato con la vocal vecina, como se observó en el **Capítulo 3**. Los siguientes ejemplos de palabras llanas ilustran este fenómeno:

librería	li-bre-*ri*-a
púa	*pu*-a

Sin el acento ortográfico estas palabras se pronunciarían equívocamente *[li-bré-rja] y *[pwá].

Práctica

A. Palabras llanas y el acento ortográfico. Todas las palabras de la lista siguiente son llanas. Subraye la sílaba tónica de cada palabra. Luego, según la susodicha regla, determine si la palabra debe llevar acento ortográfico o no y coloque los acentos necesarios.

Ejemplos: <u>ca</u>da   Almo<u>dó</u>var

1. examen	9. automovil	17. hazlo	25. naciones
2. domingo	10. lider	18. angel	26. util
3. martes	11. lapiz	19. carcel	27. naranja
4. Lopez	12. luces	20. joven	28. perales
5. Castro	13. felices	21. caracter	29. dificil
6. Gonzalez	14. pluma	22. facil	30. rio
7. libreria	15. triste	23. pua	31. alguien
8. portatil	16. pusieron	24. piscina	32. abogado

Regla número dos de acentuación

También hay una buena cantidad de palabras en español cuya sílaba tónica es la última. La mayoría de estas palabras agudas siguen la segunda regla, que indica que cualquier palabra que termine en una consonante que *no* sea <n> ni <s> tendrá la sílaba tónica automáticamente al final, como en los siguientes casos:

relo<u>j</u>	re-*loj*
percibi<u>r</u>	per-ci-*bir*
manzana<u>l</u>	man-za-*nal*

Cualquier palabra aguda que termine en una vocal, <n> o <s> es una excepción a esta segunda regla y tendrá que llevar un acento ortográfico en la última sílaba, como en los siguientes casos:

sof<u>á</u>	so-*fa*
percibi<u>ó</u>	per-ci-*bjo*
rat<u>ón</u>	ra-*ton*
estr<u>és</u>	es-*tres*

Para algunas palabras agudas será necesario también colocar un acento sobre las vocales <i>> y <u> que están en <u>hiato</u> con una vocal vecina (<o>, <a> o <e>) si aquéllas son la última vocal de la palabra, como en los siguientes casos:

fre<u>í</u>r	fre-*ir*
ata<u>ú</u>d	a-ta-*ud*

De otro modo, <i> y <u> serían débiles y resultaría equivocadamente un diptongo. Si ambas vocales son las débiles, no será necesario usar un acento ortográfico en la segunda porque ésta automáticamente llega a ser nuclear y el diptongo permanece sin que las vocales estén en hiato.

contribuir	con-tri-*bwir*

Práctica

B. Palabras agudas y el acento ortográfico. Todas las palabras de la siguiente lista son agudas. Subraye la sílaba tónica de cada palabra. Luego, determine si hace falta un acento ortográfico según la regla número dos. Coloque sólo los acentos ortográficos necesarios.

Ejemplos: ha<u>bló</u>   relampagu<u>ear</u>

1. comio	11. aleman	21. cajon
2. comed	12. japones	22. licor
3. comeis	13. español	23. interes
4. cinturon	14. Ines	24. testuz
5. real	15. sofa	25. reloj
6. divertir	16. control	26. oir
7. pescador	17. interior	27. ataud
8. monton	18. saldre	28. distribuir
9. lateral	19. (él) hablo	29. distribuis
10. palatal	20. israeli	30. colibri

Excepciones a las reglas: las esdrújulas

La gran mayoría de palabras en español son llanas o agudas. Por eso la acentuación automática solamente se aplica a estas dos clases de palabras. Los otros tipos de palabras, entonces, se consideran excepciones a las reglas y obligatoriamente llevan acentos ortográficos. Éstas son las palabras esdrújulas y las sobreesdrújulas. Las esdrújulas son las palabras cuya sílaba tónica es la antepenúltima, como en los siguientes ejemplos:

esdrújula	es-*dru*-ju-la
tónica	*to*-ni-ca
antepenúltima	an-te-pe-*nul*-ti-ma
paradisíaco (hiato)	pa-ra-di-*si*-a-co

Práctica

C. Palabras esdrújulas y el acento ortográfico. Todas las palabras de la siguiente lista son esdrújulas. Coloque el acento sobre la vocal apropiada.

Ejemplo: <u>pidiéndote</u>

1. fantastico	10. regimen	19. morfologico
2. semantico	11. arabe	20. basquetbol
3. murcielago	12. Mexico	21. benevolo
4. aguila	13. hablaramos	22. policiaco
5. hazmelo	14. comieramos	23. Sudafrica
6. divirtiendose	15. construiamos	24. presbitero
7. lagrima	16. fonetica	25. Norteamerica
8. heroe	17. fonologico	26. penultima
9. dinoslo	18. lexico	27. asiatico

Excepciones a las reglas: las sobreesdrújulas

La sílaba tónica de las palabras sobreesdrújulas es la inmediatamente anterior a la antepenúltima. Las únicas palabras de esta categoría que existen en español son palabras compuestas que constan de formas verbales multisilábicas seguidas de dos clíticos de complementos reflexivos, indirectos y/o directos como en los siguientes casos:

haga + me + lo	=	*há*-ga-me-lo
comiendo + te + la	=	co-*mién*-do-te-la
demos + se + los	=	*dé*-mo-se-los

La palabra *déselos*, en cambio, es esdrújula porque la forma verbal misma (*dé*) consta de una sola sílaba y la tónica resulta ser la antepenúltima.

Práctica

D. Palabras esdrújulas y sobreesdrújulas y el acento ortográfico. Determine si las siguientes palabras son esdrújulas o sobreesdrújulas. Coloque el acento sobre la vocal apropiada y escriba "**e**" (esdrújula) o "**s**" (sobresdrújula) en el espacio a la derecha de cada palabra.

Ejemplos: bésame (e)   dándonoslo (s)

1. comencemoslo	___	10. levantate	___
2. pidiendomelas	___	11. levantamelo	___
3. dimelo	___	12. durmiendose	___
4. digamelo	___	13. ibamos	___
5. durmiendote	___	14. fueramos	___
6. vamonos	___	15. cuentemelos	___
7. cometelo	___	16. transcribanosla	___
8. mandarselos	___	17. regimenes	___
9. mandandoselos	___		

E. Palabras llanas, agudas, esdrújulas y sobreesdrújulas y el acento ortográfico. La siguiente lista representa una variedad de casos en cuanto a la acentuación. Coloque los acentos necesarios y para cada palabra indique de qué tipo es, como en los ejemplos.

Ejemplos:

	aguda	*llana*	*esdrújula*	*sobreesdrújula*
martes	☐	☑	☐	☐
miércoles	☐	☐	☑	☐
	aguda	*llana*	*esdrújula*	*sobreesdrújula*
1. examen	☐	☐	☐	☐
2. examenes	☐	☐	☐	☐
3. Panama	☐	☐	☐	☐
4. panameña	☐	☐	☐	☐
5. Francia	☐	☐	☐	☐
6. frances	☐	☐	☐	☐

	aguda	llana	esdrújula	sobreesdrújula
7. francesa	☐	☐	☐	☐
8. franceses	☐	☐	☐	☐
9. España	☐	☐	☐	☐
10. español	☐	☐	☐	☐
11. españolas	☐	☐	☐	☐
12. hispanicos	☐	☐	☐	☐
13. Latinoamerica	☐	☐	☐	☐
14. latinoamericana	☐	☐	☐	☐
15. estomago	☐	☐	☐	☐
16. envia	☐	☐	☐	☐
17. enviame	☐	☐	☐	☐
18. enviamelo	☐	☐	☐	☐
19. correo	☐	☐	☐	☐
20. aereo	☐	☐	☐	☐
21. aeropuerto	☐	☐	☐	☐
22. joven	☐	☐	☐	☐
23. jovenes	☐	☐	☐	☐
24. danes	☐	☐	☐	☐
25. Iraq	☐	☐	☐	☐
26. Iran	☐	☐	☐	☐
27. iraqui	☐	☐	☐	☐
28. escribio	☐	☐	☐	☐
29. Israel	☐	☐	☐	☐
30. arbol	☐	☐	☐	☐
31. arboles	☐	☐	☐	☐
32. resolviendotelo	☐	☐	☐	☐
33. resolviendo	☐	☐	☐	☐
34. resolviendolo	☐	☐	☐	☐
35. rio (*river*)	☐	☐	☐	☐
36. sonrio (dos formas)	☐	☐	☐	☐
37. profesor	☐	☐	☐	☐
38. profesores	☐	☐	☐	☐
39. nacion	☐	☐	☐	☐
40. naciones	☐	☐	☐	☐
41. nacional	☐	☐	☐	☐
42. enfasis	☐	☐	☐	☐
43. enfatico	☐	☐	☐	☐
44. metamorfosis	☐	☐	☐	☐
45. carcel	☐	☐	☐	☐
46. carceles	☐	☐	☐	☐
47. universidad	☐	☐	☐	☐
48. universidades	☐	☐	☐	☐

F. Colocación de acentos ortográficos. Coloque los acentos necesarios en las siguientes oraciones. Luego, lea cada oración con atención a la acentuación apropiada.

1. Andres Gomez llego en abril, manejando un automovil fantastico.
2. Hay un irlandes que vive en el Peru que antes vivia en El Salvador.
3. Siempre ibamos al cine los miercoles cuando eramos jovenes.
4. Enrique no aprendio español en el liceo, pero esta estudiandolo ahora.
5. Ese imbecil y aquel idiota se alegraron muchisimo al ver el desastre.
6. Mi bisabuela se murio antes de que pudieramos visitarla en Bogota.
7. Maria contesto el telefono cuando sono anoche despues de que habiamos visto esa comedia en la television.

Usos especiales del acento ortográfico

Al comienzo del presente capítulo se mencionó que hay esencialmente dos usos del acento ortográfico. Hasta el momento sólo se ha analizado el primero: el de indicar la sílaba tónica dentro de una palabra. El segundo uso es el de distinguir entre palabras que se pronuncian igual y que, de otro modo, se escribirían igual, pero que tienen significados distintos y/o que pertenecen a categorías gramaticales distintas.

■ Todas las palabras interrogativas, sea en una pregunta directa o indirecta, llevan acento ortográfico en la sílaba tónica.

Preguntas directas

¿Qué tienes en la mano?
¿Cómo resuelves este tipo de problema?
¿Dónde queda tu casa?
¿Por qué no me quieres prestar diez dólares?

Preguntas indirectas

No sé *qué* tienes en la mano.
Parece que no me quieres explicar *cómo* resuelves este tipo de problema.
Antes de que te busquemos, necesita saber *dónde* queda tu casa.
No tengo idea de *por qué* no me quieres prestar diez dólares.

■ Sucede igual en el caso de sus equivalentes exclamatorios.

¡Qué barbaridad!
¡Cómo te quiero!
¡Cuánto quisiera ir al baile contigo!

■ En los demás usos de estas palabras, es decir, cuando no sean ni interrogativas ni exclamatorias, no se les coloca un acento ortográfico, como en los siguientes ejemplos:

Yo sé *que* mis padres me quieren. (*conjunción de cláusula nominal*)
Tengo un gato *que* nunca hace *lo que* digo. (*pronombres relativos*)
Mario trabaja sólo *cuando* y *donde* quiere *porque* es flojo. (*conjunciones adverbiales*; note que *porque* a diferencia de *por qué* se escribe como una sola palabra.)

- Tradicionalmente se usaba el acento ortográfico con los pronombres demostrativos, pero no con los adjetivos demostrativos (este, ese, aquel).

  Elena prefiere *estos* pasteles, pero yo prefiero *ésos*.

  Esta práctica ya no está vigente en el idioma, puesto que actualmente no se requiere que se use ningún acento con los pronombres demostrativos. Sin embargo, se puede observar este contraste todavía a menudo en la ortografía de muchos escritores.

- Hay muchos otros casos en que se usa el acento ortográfico para distinguir entre los significados y/o categoría gramatical de dos palabras, como en los siguientes ejemplos:

se (clítico reflexivo)	sé (de *saber/ser*)
de (preposición)	dé (de *dar*)
mi (posesivo)	mí (pronombre preposicional)
si (conjunción adverbial)	sí (afirmación/pronombre reflexivo)
mas (conjunción)	más (adjetivo/adverbio)
el (artículo)	él (pronombre)
tu (posesivo)	tú (pronombre)
te (clítico)	té (sustantivo)

Práctica

G. **Resumen de los usos del acento ortográfico.** Coloque todos los acentos ortográficos necesarios. Luego, lea las frases con atención a la acentuación apropiada.

1. ¿A que hora llego tu tia a la reunion ayer?
2. Javier es demasiado aspero con el publico. ¿Si o no?
3. Yo se que el señor Garcia tiene mas pelo que la señorita Gonzalez.
4. ¿Me puedes decir cuantos murcielagos hay en aquella cueva?
5. El profesor Lopez queria que tomaramos unos examenes muy dificiles.
6. Tu y el debeis venir en tu automovil o en el camion de el.
7. No se si este estudiante se habla a si mismo o no.
8. No sabemos donde encontraras a tu hermano, pero pegalo donde lo veas porque es un malcriado.
9. Ese higado sabe mal, pero aquel sabe mejor que el biste.
10. No se sabe por que este rio no ha inundado aquel pueblo.
11. Sera que los habitantes trabajaron juntos para construir los diques de los Paises Bajos.
12. Este tio siempre esta llamandome por telefono por no se que razon.
13. El clarinete, el trombon, el saxofon y el oboe son todos instrumentos de viento de la orquesta.
14. Se compran pasteles en la panaderia de la septima calle al oeste del zocalo de la Ciudad de Mexico.
15. Aun el mas inteligente de todos aun no comprende el calculo.

Aplicaciones

 A. Conexión con otra disciplina con atención al acento ortográfico. Además del español, ¿cuál es una disciplina académica que a Ud. le ha interesado mucho? En un párrafo, explique por qué le interesa ese campo de estudio *sin colocar ningún acento ortográfico*. Primero, intercambie su párrafo con el de otro/a estudiante y coloque los acentos en ese escrito. Después, averigüe si su compañero/a está de acuerdo con lo que Ud. ha hecho. Luego, comparen sus campos de estudios respectivos.

B. Práctica aural y escrita. Trabajando con un/a compañero/a de clase, seleccione algunas palabras al azar de cualquier libro u otro escrito en español. Asegurándose de que su compañero/a no puede ver las palabras, léalas en voz alta. Su compañero/a debe escribir cada palabra que oye, decidiendo si hace falta un acento ortográfico o no. Después, su compañero/a pronuncia otra selección de palabras y Ud. las escribe. Luego, a ver si Ud. puede definir o dar un sinónimo para cada palabra que haya encontrado.

C. Palabras interrogativas y el acento ortográfico. Comenzando cada oración con una palabra interrogativa (*¿qué?, ¿cómo?*, etc.), escriba un mínimo de siete preguntas que a Ud. le gustaría hacerle a uno/a de sus héroes personales en un campo de estudios como la ciencia, la música, etc. Use por lo menos siete palabras interrogativas diferentes. Muestre sus preguntas a un/a compañero/a de clase, quien evaluará los usos del acento ortográfico. Después, los dos pueden hacer los papeles de entrevistador/a y entrevistado/a, empleando las preguntas que Uds. han preparado.

D. Juego verbal. Turnándose en grupos pequeños de cuatro o cinco estudiantes, cada miembro del grupo selecciona un par de palabras de la lista a continuación. Luego, la persona sugiere también un tema general como los estudios, la política, la televisión, los profesores, etc. Entonces cada miembro del grupo debe escribir una oración que contenga las dos palabras, empleadas correctamente, y con todos los acentos ortográficos colocados correctamente. Las hojas de papel con cada oración original se entregan en el orden en que los estudiantes terminen su oración. La primera persona que entregue una oración completa que tenga sentido, dado el tema escogido, y que tenga los acentos colocados correctamente gana. El/la profesor/a puede servir de árbitro/a si es necesario.

se/sé	mas/más	tu/tú	si/sí
de/dé	el/él	mi/mí	cuando/cuándo
porque/por qué	qué/que	cómo/como	

CAPÍTULO 7

Problemas ortográficos

La variación en la ortografía

Todos hemos oído a alguien decir que el español es un idioma "fonético". Se oye a menudo que las palabras españolas se escriben de la misma manera que se pronuncian. Sin duda alguna, éste es el caso más en español que en inglés, en el cual se dan con frecuencia distintas maneras de representar un sonido ortográficamente, como, por ejemplo, para el sonido [f] en las siguientes palabras.

*f*lu*ff*
*ph*ysics
lau*gh*

Sin embargo, también hace falta indicar que el mismo fenómeno ocurre en el español, por ejemplo con el sonido [x] (que se representa con la letra <j> de *j*arro), como en estos ejemplos.

reco*j*o
reco*g*e
Mé*x*ico

En este capitulo, entonces, se examinarán los problemas ortográficos más comunes del español. Conviene explicar brevemente aquí que en este capítulo se emplearán varias veces los símbolos // en vez de [ ] para indicar un **fonema**, una representación fonológica abstracta que no pretende señalar una variante fonética específica. Por ejemplo, <s> se puede pronunciar [s] en *sol*, [sol], pero [z] en *mismo*, [míz.mo]. El uso del fonema /s/, entonces, nos permite admitir cualquier variante de éste sin especificarla. (El concepto del fonema se presentará en mucho más detalle en el **Capítulo 15**.)

<h> = /Ø/ (ningún valor fonémico)

El hecho de que la letra <h> no se pronuncie en español causa una de las dificultades ortográficas en ese idioma. Uno simplemente tiene que aprender qué palabras requieren una <h>. Más tarde, cuando hagamos transcripciones fonéticas, veremos que la <h> no se representa en la transcripción, puesto que no tiene ningún valor *fonético* (o *fonémico*), sino sólo *ortográfico*. Por ejemplo, *hormiga* se transcribe así: [or.mí.ga]. Hay que tomar en cuenta que a los diptongos que comienzan con una semiconsonante, como <ie> y <ue> ([je]; [we]), por ejemplo, si ocurren al comienzo de una palabra, se les pone una <h> delante, como en estos ejemplos.

*hue*le (pero *oler*, sin <h>)
*hia*to
*hie*lo
*Huá*scar

Práctica

A. Falta de valor fonético de la <h>. Con un/a compañero/a de clase, pronuncie correctamente las siguientes palabras sin articular la <h> en la manera en que se hace en inglés.

1. hotel	9. alcohol	17. hipopótamo
2. honesto	10. bahía	18. higo
3. helicóptero	11. aprehender	19. hiena
4. helénico	12. ahí	20. hemisferio
5. hule	13. aprehensión	21. honor
6. huérfano	14. azahar	22. habitación
7. huésped	15. ahogar	23. hipnosis
8. héroe	16. ahorcar	24. hemistiquio

/b/

Otra dificultad ortográfica en el español es el resultado del hecho de que la <b> y la <v> se pronuncien igual, como /b/, por lo menos en la mayoría de los dialectos de este idioma. En inglés, en cambio, hay típicamente dos fonemas distintos: /b/ y /v/. En español, las dos letras se articulan de una manera **bilabial**, es decir que siempre se emplean los dos labios para producir el sonido. Hay una buena cantidad de hispanoparlantes que todavía tienen dificultades con la representación ortográfica de este sonido en su idioma natal. A veces se escribe equivocadamente *iva*, en vez de *iba*, por ejemplo. Para dar otro ejemplo, el autor observó la siguiente advertencia en Camiri, Bolivia.

*Prohivido **v**otar **v**asura*

La <v> de *votar* se pronuncia igual a la <b> de *botar*. Sólo el contexto nos clarifica el significado de *votar* en el ejemplo de arriba. La <b> y la <v> se pronuncian muy a menudo de una manera más "suave"—fricativa o aproximante, términos que se introducirán en el **Capítulo 14**—que como en el inglés, pero las dos siempre son bilabiales. Resulta, entonces, que no hay diferencia en como suenan los siguientes pares de frases:

a *v*er   las a*v*es
ha*b*er   la sa*b*es

Práctica

B. Práctica oral con <b> y <v>. Pronuncie las siguientes palabras, asegurándose que está pronunciando las dos letras de una manera bilabial.

1. valle	7. botar	13. varios
2. vaya	8. ambos	14. barrios
3. bahía	9. envidia	15. bienes
4. bisté	10. embarazo	16. vienes
5. visto	11. invariable	17. bulemia
6. votar	12. ambiguo	18. vudú

/k/; /s/

La consonante que se representa con el símbolo fonémico /k/ se escribe en el sistema ortográfico con <c>, <qu> o, en algunas palabras extranjeras, <k>, como se ilustra con los siguientes ejemplos:

*c*asa	[ká.sa]
*c*lima	[klí.ma]
*qu*eso	[ké.so]
*qu*ímica	[kí.mi.ka]
*k*ilómetro	[ki.ló.me.tro]
*k*iwi	[kí.wi]

La combinación digráfica <qu> sólo se usa en lugar de la <c> cuando le siguen las vocales <e> o <i>, como en los dos ejemplos anteriores. Conviene notar también que la <u> después de la <q> no tiene ningún valor fonético, lo que se puede observar también con las transcripciones fonéticas de los mismos dos ejemplos. Si la <u> sigue una <c>, sin embargo, aquélla siempre se pronuncia, como en los siguientes dos ejemplos (en contraste con la <u> de *queso* y de *química* entre los ejemplos anteriores).

cuenca	[kwén.ka]
cuidado	[kwi.dá.do]

Si la <c> va seguida inmediatamente de las vocales <e> o <i>, se pronuncia igual a la <z>; es decir, [s] en Latinoamérica y [θ] en el centro y el norte de España. El sonido [θ] es una consonante **interdental**, lo que significa que se articula con la lengua entre los dientes superiores e inferiores, bastante similar al sonido del inglés representado por la <th> de ***think***. Compare las siguientes palabras y su pronunciación en España (con la excepción de regiones del sur de España) con la de Latinoamérica.

	Latinoamérica	**_España_**
*s*imple	[sím.ple]	[sím.ple]
*c*irco	[sír.ko]	[θír.ko]
Zaragoza	[sa.ra.gó.sa]	[θa.ra.gó.θa]
*c*eniza	[se.ní.sa]	[θe.ní.θa]

La alternancia entre la <z> y la <c> es paralela con la que se nota entre la <c> y la <qu>: en la representación ortográfica del sonido [s] en Latinoamérica o el sonido [θ] en España, la <c> sólo se usa delante de las vocales <e> e <i>. Esto es evidente en *circo* y *ceniza*, y la <z> se usa en todos los demás ambientes ortográficos, como con *Zaragoza*. Se puede observar los contrastes en los siguientes ejemplos:

lápiz	conozco	comenzó
lápices	conoces	comencé

Queda claro que en los diferentes ambientes ortográficos, donde se encuentra la <z>, no se encuentra la <c> cuando representan /s/ o /θ/ y viceversa. Lo mismo es el caso con la alternancia entre la <c> y la <qu> cuando representan /k/. Decimos, entonces, que estos pares de letras están en **distribución complementaria**, lo que simplemente quiere decir que cada letra ocurre sólo en un ambiente ortográfico determinado y que la una no se emplea donde se debe usar la otra.

Práctica

C. Práctica oral con \<c\>, \<qu\>, \<k\>, \<s\> y \<z\>. Enfocándose en las letras \<c\>, \<qu\>, \<k\>, \<s\> y \<z\>, pronuncie correctamente las siguientes palabras para otro/a estudiante.

1. casa	7. perspicaz	13. kínder
2. ceniza	8. conduzco	14. kiosco
3. quizás	9. Iquique	15. kilograma
4. cualquiera	10. Raquel	16. González
5. cacique	11. Culiacán	17. cuidado
6. zarzuela	12. La Quiaca	18. ciudadano

D. Práctica ortográfica con \<c\>, \<qu\>, \<k\>, \<s\> y \<z\>. Las siguientes son transcripciones sencillas de palabras en el español *latinoamericano*. A ver si Ud. sabe escribirlas, usando la ortografía correcta. (Se han indicado las sílabas tónicas. ¿Sabe colocar los acentos ortográficos necesarios también?)

1. [kí.mi.ka] _____	9. [lús] _____	
2. [kwá.tro] _____	10. [lú.ses] _____	
3. [kjén] _____	11. [ka.mí.sa] _____	
4. [kí.lo] _____	12. [kín.se] _____	
5. [kris.tí.na] _____	13. [kwár.to] _____	
6. [ké] _____	14. [sís.ko] _____	
7. [kwes.tjón] _____	15. [sés.to] _____	
8. [fá.si.les] _____	16. [ko.nós.ko] _____	

/g/; /x/

La representación fonémica /g/ se emplea para indicar el primer sonido de la palabra *gato*. Hay dos diferentes maneras de representar este sonido ortográficamente: \<g\> y \<gu\>. Estas dos representaciones ortográficas también están en distribución complementaria. Se usa \<gu\> para representar /g/ si le siguen inmediatamente las vocales \<e\> o \<i\>. Hay que notar que, igual que en el caso de la \<qu\>, la \<u\> de esta combinación no tiene valor fonético, como en los siguientes casos:

*gu*edeja	[ge.dé.xa]
*Gu*illermo	[gi.jér.mo]
jue*gu*e	[xwé.ge]

Sin embargo, hay instancias en que la \<u\> *sí* debe pronunciarse. En estos casos se le coloca una **diéresis** (¨) a la \<u\>: \<ü\>. Siguen algunos ejemplos.

*gü*ero	[gwé.ro]
*gü*ira	[gwí.ra]
averi*gü*é	[a.be.ri.gwé]

Cuando la vocal que sigue estas combinaciones *no* es \<e\> ni \<i\>, entonces la diéresis no es necesaria, porque la \<u\> se pronuncia automáticamente en estos casos.

*g*uantanamera [gwan-ta-na-mé-ra]
anti*g*uo [an-tí-gwo]

Además de este último caso, el símbolo <g> se emplea para representar /g/ en todos los demás ambientes ortográficos (*gato*, etc.).

En contraste, en las palabras en que la <g> va seguida inmediatamente de las vocales <e> o <i>, aquélla representa el sonido [x], tal como sucede también con la letra <j> en la palabra *jarro*. Hasta cierto punto la <g> y la <j> están en distribución complementaria; es decir que se suele usar la <j> cuando no le sigue una <e> o una <i>. Este contraste se puede apreciar en los siguientes ejemplos:

<*g*>
*g*emir [xe.mír]
*g*itano [xi.ta.no]
Ar*g*entina [ar.xen.tí.na]

<*j*>
*j*ornada [xor.ná.da]
*J*u*j*uy [xu.xwí]

Pero en el caso de la <j> se puede encontrar una buena cantidad de excepciones en que le sigue una <e> o una <i>, como en las siguientes palabras:

*j*efe
*j*inete
hi*j*ito

Hace falta memorizar estas "excepciones" ya que no hay manera de predecirlas.

Hay un símbolo más que en unas cuantas palabras de origen indígena representa el sonido [x]: la letra <x>.

México [mé.xi.ko]
Oaxaca [wa.xá.ka] (sin que <oa> esté en hiato)

Práctica

E. Práctica oral con <g>, <gu>, <gü>, <j> y <x>. Con otro/a estudiante, lea las siguientes palabras en voz alta, prestando atención especial a la articulación correcta de los símbolos ortográficos que se acaban de analizar.

1. guerra	9. Guernica	17. jingoísmo
2. güera	10. lingüista	18. jinjolero
3. Guatemala	11. averigua	19. texano
4. guitarra	12. averigüe	20. vergüenza
5. gitana	13. pague	21. Miguel
6. página	14. paga	22. jineta
7. cónyuge	15. paja	23. gente
8. Jalisco	16. general	24. Guanajuato

F. Práctica ortográfica con \<g>, \<gu>, \<gü>, \<j> y \<x>. Convierta las siguientes transcripciones fonéticas en representaciones ortográficas, prestando atención especial a los símbolos ortográficos que se acaban de analizar.

1. [gí.so] _____
2. [xi.tá.no] _____
3. [de.sa.gwár] _____
4. [de.sá.gwe] _____
5. [gi.sán.te] _____
6. [xo.ro.bár] _____
7. [me.xi.ká.na] _____
8. [xe.o.me.trí.a] _____
9. [gól.fo] _____
10. [gwán.te] _____
11. [gwé.ro] _____
12. [gwí.to] _____
13. [gi.né.a] _____
14. [xi.mjén.do] _____
15. [re.lóx] _____
16. [gwa.xo.ló.te] _____

/j/

Las letras \<y> y \<ll> se pronuncian igual en la mayoría de los dialectos del español. Como se verá en futuros capítulos sobre los dialectos del español, hay regiones donde estas dos letras se articulan de una manera distinta, lo cual no se analizará en el presente capítulo. También es importante notar que fonéticamente hay mucha variación dialectal a través del mundo hispánico tocante a la articulación de las letras \<y> y \<ll>. Por el momento vamos a emplear simplemente el símbolo fonémico /j/ para representar el sonido que aquellas dos letras representan, aunque se introducirán algunas variantes dialectales en el **Capítulo 19**.

Puesto que la \<y> y la \<ll> se pronuncian igual en tantos dialectos regionales, puede haber confusión en cuanto a la manera correcta de deletrear palabras que las contienen. Considere los siguientes pares de palabras:

| mayo | [má.jo] | calló | [ka.jó] |
| Mallo | [má.jo] | cayó | [ka.jó] |

Como estos pares típicamente se pronuncian igual, es evidente que existe mucha posibilidad de confundir estas dos letras. En este aspecto el problema de la \<y> y la \<ll> es similar al de la \<b> y la \<v>. Además, como hay dialectos en que estas letras demuestran una articulación semiconsonántica, puede haber confusión ortográfica también en tales dialectos entre el fonema /j/ de \<y> y \<ll> y el /j/ de la \<i> deslizada como en los siguientes casos:

| yerba | [jér.ba] | llamo | [já.mo] |
| hierba | [jér.ba] | hiato | [já.to] |

Práctica

G. Práctica oral con <y> y <ll>. Lea las siguientes palabras en voz alta para un/a compañero/a de clase, prestando atención a la articulación apropiada de las letras <y>, <ll> e <i> (/j/). La manera en que se articula este sonido puede variar según el dialecto del español con el que Ud. tiene más familiaridad.

1. mayo	7. llorona	13. hialino
2. Mallo	8. yeso	14. silla
3. cayó	9. hierro	15. ¡Sí, ya!
4. calló	10. llegó	16. viejillo
5. fió	11. llano	17. lloviendo
6. fiaron	12. ya no	18. trayendo

H. Práctica ortográfica con <y>, <ll> e <i>. A ver cuántas de las palabras siguientes Ud. puede escribir correctamente, según las transcripciones fonéticas.

1. [jé.gwa] _____	9. [gi.jér.mo] _____
2. [pó.jo] _____	10. [jé.so] _____
3. [jér.no] _____	11. [já.ma] _____
4. [jé.lo] _____	12. [o.jé.ron] _____
5. [ja.ma.mjén.to]_____	13. [jé.na] (dos _____
6. [ján.tas] _____	posibilidades)_____
7. [kre.jé.ron] _____	14. [ró.jo] _____
8. [sí.ja] _____	

Aplicación

La ortografía en la descripción de los hispanos/latinos de su comunidad. Usando los párrafos que Ud. escribió para la **Aplicación B** del **Capítulo 4** (página 25), analice su ortografía, prestando atención específica a cómo se han empleado las letras <*h, b, v, c, z, s, qu, k, g, gu, gü, j, x, y, ll*>. Luego, asegúrese que ha usado apropiadamente el acento ortográfico. Hechas estas correcciones, compare sus párrafos con los de otros compañeros de clase, trabajando en grupos pequeños.

- ¿Qué parecidos y diferencias hay entre lo que Uds. han escrito acerca de la población hispana/latina en sus comunidades? Son similares o diferentes los varios puntos de vista? ¿Qué parecidos y diferencias hay entre la cultura hispana y las otras que existen en su comunidad?
- Ayude a sus compañeros a hacer correcciones finales en la ortografía de sus trabajos.

Capítulo 8

Introducción a la transcripción fonética

Las representaciones ortográficas y las fonéticas

Es imprescindible aprender a distinguir entre las representaciones ortográficas de sonidos, palabras y frases y las representaciones fonéticas de los mismos. Como acabamos de ver en el capítulo anterior, la ortografía es un sistema imperfecto para representar los sonidos del idioma debido al hecho de que 1) hay diferentes maneras de representar el mismo fonema (/b/ = <b, v>), 2) la misma letra puede representar más de un fonema (<g> = /g, x/), y 3) hay casos en que una letra no tiene ningún valor fonético (<h> = [ø]). La transcripción fonética, entonces, es un sistema que intenta introducir una consistencia en la representación de los sonidos.

Algunas normas en la transcripción fonética

Como ya se ha indicado, una transcripción fonética siempre se coloca entre corchetes [ ], sea una representación de un solo sonido, de una palabra o de una o más frases, como en los siguientes ejemplos.

ortografía	transcripción
<j>	[x]
flojo	[fló.xo]
Mi primo parece flojo	[mi.prí.mo.pa.ré.se.fló-xo]

Hay que notar que *en la transcripción fonética no se debe sustituir letras mayúsculas en lugar de los símbolos que se parecen a letras minúsculas (o viceversa) en ninguna posición dentro de una emisión.* Por ejemplo, [X] nunca es el equivalente de [x]; de hecho, aquel símbolo es muy parecido a otro que representa un sonido distinto. Tampoco se emplea la puntuación (puntos, comas, signos de interrogación, etc.) para indicar divisiones sintácticas o propósito locucionario (frases interrogativas, etc.), como se hace en la ortografía. Los detalles fonéticos que se incluyen en una transcripción se eligen según los propósitos del transcriptor. En los ejemplos anteriores, por ejemplo, se ha indicado la silabificación, un detalle que el transcriptor puede incluir o excluir, según el enfoque de su transcripción. En cambio, hay una cantidad de detalles fonéticos que *no* se han incluido por el momento. Las primeras transcripciones que se harán contendrán relativamente pocos detalles, pero iremos añadiendo más y más rasgos fonéticos a través del texto.

Algunos símbolos fonéticos frecuentes

Sigue un repaso de los detalles fonéticos que ya se han presentado en el texto. Estos símbolos se van a incluir en las transcripciones que se harán en este capítulo.

1. No se empleará ningún símbolo para <h>, ya que ésta no tiene ningún valor fonético; por ejemplo, *honor* se transcribirá [o.nór].
2. El símbolo fonético [b] representará las letras ortográficas <b> y <v>, como para las palabras *bien* [bjen] y *veinte* [béi̯n.te].
3. El símbolo [k] representa los grafemas <c, qu, k> en casos como *casa* [ká.sa], *que* [ke] y *kilo* [kí.lo].
4. El símbolo [s] representa las letras <s, c, z> en el español latinoamericano en casos como *sol* [sól], *cebolla* [se.bó.ja] y *zócalo* [só.ka.lo].
5. No se empleará ningún símbolo fonético que corresponda a la <u> ortográfica en combinaciones ortográficas como <qu, gue, gui>, pero sí para las combinaciones <güe, güi>: *que* [ke], *guerra* [gé.rra], *guisante* [gi.sán.te]; *güero* [gwé.ro], *lingüista* [lin.gwís.ta].
6. El símbolo [x] representa las letras <j, g, x> en casos como *jota* [xó.ta], *Gil* [xíl] y *México* [mé.xi.ko].
7. Cuando la letra <x> no representa el sonido [x], se transcribe [ks] en palabras como *examen* [ek-sá-men] y *texto* [téks-to].
8. El símbolo [j] representa las letras <y> y <ll> (por el momento, sin emplear las otras variantes dialectales) en palabras como *yanqui* [ján.ki] y *llama* [já.ma].
9. Hay que recordar los dos símbolos para semiconsonantes —[j] y [w] (*bien* [bjen], *buen* [bwen])— y los para las dos semivocales—[i̯] y [u̯] (*aire* [ái̯.re], *aun* [au̯n].
10. El símbolo [ʧ] se empleará para representar el grafema ortográfico <ch> como en Chile [ʧí.le].
11. Por el momento se usarán los grafemas ortográficos normales para representar los demás sonidos, por ejemplo [pé.rro], en lugar de [pé.ro] (*perro*); [á.gwa] en vez de [á.ɣwa], etc. Esto se va a hacer porque hasta el momento no se ha analizado en qué ambientes fonéticos se manifiestan sus diferentes variantes. (Iremos añadiendo poco a poco más símbolos que representan detalles fonéticos después de aprender el concepto de fonema, el cual se indica con //, y sus alófonos, los cuales se indican con [ ], en el **Capítulo 15**.)
12. Se indica la acentuación mediante el símbolo (´) en cada sílaba tónica; por ejemplo, [mi.ká.sa.ké.da.mwi.sér.ka.de‿a.kí].

Conviene también repasar los principios expuestos en los **Capítulos 1–4**, porque en las transcripciones que siguen se debe indicar la silabificación.

Práctica

A. Transcripciones de palabras individuales. Haga una transcripción fonética de las siguientes palabras, según el ejemplo, indicando también la silabificación y la acentuación.

Ejemplo: siguiente   [si.gjén.te]

1. cifra	_____	11. vergüenza	_____
2. bestia	_____	12. Guernica	_____
3. vestir	_____	13. homenaje	_____
4. aunque	_____	14. gigante	_____
5. guión	_____	15. mágico	_____
6. kilómetro	_____	16. página	_____
7. quisiera	_____	17. hueco	_____
8. cacique	_____	18. callándose	_____
9. hielo	_____	19. cayéndonos	_____
10. Uruguay	_____	20. continuo	_____

Identificación de las sílabas tónicas en las frases

Puesto que ya vamos a transcribir las frases y oraciones como si constaran de una sola palabra, hace falta clarificar cómo se puede determinar la **acentuación**, o sea, los acentos tónicos dentro de cada frase. Considere los siguientes ejemplos:

Los gatos que vivían en la universidad eran silvestres.
[los.gá.tos.ke.bi.bí.a.nen.laṷ.ni.ber.si.dá.dé.ran.sil.bés.tres] (cinco sílabas tónicas indicadas)

La luna nos dio suficiente luz para ir a casa.
[la.lú.na.nos.djó.su.fi.sjén.te.lús.pa.ra‿í.ra.ká.sa] (seis sílabas tónicas indicadas)

Como se puede notar en las transcripciones de estas dos oraciones, cada palabra multisilábica tiene un acento escrito en su sílaba tónica, con la excepción de *para.* Además, como se ve en la segunda transcripción, a veces las palabras monosilábicas pueden ser tónicas y otras veces no. Es difícil articular reglas absolutas en cuanto a la acentuación de las monosilábicas porque puede haber mucha variación, según el contenido, el contexto, la estructura discursiva y las intenciones de la persona que habla. Típicamente, sin embargo, las palabras de función, muchas de las cuales son monosílabas (aunque no todas) no son tónicas, como las de las siguientes categorías:

- los pronombres clíticos (*me, lo, les, se,* etc.)
- los artículos (*el, una,* etc.)
- las preposiciones (*en, a, por, para,* etc.)
- los posesivos "cortos" (*mi, tu, su,* en contraste con *mío, tuyo, suyo,* que tienen sílabas tónicas.)
- los pronombres relativos (*que, quien,* etc., con la excepción de *el/la cual*)
- las conjunciones (*que, como, y, pero,* etc.)

Palabras de otras categorías gramaticales (sustantivos, verbos, adjetivos descriptivos, adverbios, pronombres no-clíticos, etc.) pueden ser tónicas, y a menudo lo son, pero como ya queda indicado, esto puede variar bastante según lo que se enfatiza y lo que se desenfatiza en la frase.

Práctica

B. Transcripciones de oraciones. Transcriba las siguientes oraciones según el ejemplo.

Ejemplo: La gorila se escapó del jardín zoológico.
[la.go.rí.la.ses.ka.pó.del.xar.dín.so:.ló-xi-ko]

1. ¿Dónde tendrán lugar los próximos Juegos Olímpicos?

_____

_____

2. El Río de la Plata pasa por Buenos Aires, Argentina.

_____

_____

3. Mi hija mayor vive en aquel barrio de esta ciudad.

_____

_____

4. La lingüística es el estudio científico de los idiomas.

_____

_____

5. La transcripción fonética es fácil si se aprenden las reglas.

_____

_____

6. El huésped no quiso que vinieran sus suegros esta vez.

_____

_____

7. Guanajuato se encuentra en México al norte de Morelia, Michoacán, y al este de Guadalajara, Jalisco.

_____

_____

8. Ya no se veía bien la inscripción en ese anillo.

_____

_____

9. El elefante no es tan inteligente como alguien me lo afirmó.

_____

_____

C. Transcripción de párrafos originales. Usando los párrafos que Ud. escribió en el **Capítulo 4** sobre los hispanos/latinos en su comunidad, haga una transcripción fonética de ese trabajo, siguiendo las mismas normas como en la **Práctica B**. Luego, en grupos pequeños, analicen y corrijan las transcripciones.

Aplicaciones

A. Transcripción del poema "En paz". Imagine que un/a amigo/a de Ud. ha leído una traducción del poema "En paz" y le encanta. No sabe leer el español, pero ha estudiado la fonética, así que le pide a Ud. que le haga una transcripción del poema para que pueda leerlo en voz alta en su forma original. Empleando los espacios en blanco abajo, hágale una transcripción fonética del poema, empleando los símbolos que ha aprendido. Luego, pídale a otro/a estudiante que lea su transcripción en voz alta.

En paz

Artifex vitae, artifex sui

Muy cerca de mi ocaso, yo te bendigo, Vida,
porque nunca me diste ni esperanza fallida
ni trabajos injustos, ni pena inmerecida;

porque veo al final de mi rudo camino
que yo fui el arquitecto de mi propio destino;
que si extraje las mieles o la hiel de las cosas,
fue porque en ellas puse hiel o mieles sabrosas;
cuando planté rosales, coseché siempre rosas.

...Cierto, a mis lozanías va a seguir el invierno:
¡mas tú no me dijiste que mayo fuese eterno!
Hallé sin duda largas las noches de mis penas;
mas no me prometiste tú sólo noches buenas;
y en cambio tuve algunas santamente serenas...

Amé, fui amado, el sol acarició mi faz.
¡Vida, nada me debes! ¡Vida, estamos en paz!

_____

_____

_____

_____

_____

_____

_____

B. Conversación sobre el amor. Amado Nervo indica en su poema que "fui amado". En grupos pequeños, charlen Uds. del tema de ser amado de otros. ¿Cómo son los que realmente son amados de otros? Al hablar, practiquen Uds. la buena pronunciación, silabificación, enlace, reducción vocálica y diptongación entre palabras.

Repaso

Unidad 2
Capítulo 6—8

Prepare las respuestas a las siguientes preguntas o dé ejemplos, según el caso, en una hoja de papel aparte. Luego, compare sus respuestas con las de otros estudiantes.

1. Explique los dos usos principales del acento ortográfico en el español. Dé ejemplos de palabras de las dos categorías.
2. Explique cada uno de los siguientes términos y dé un ejemplo original de una palabra del español que quepa dentro de cada categoría: *llana, esdrújula, aguda y sobreesdrújula*.
3. Articule las dos reglas de acentuación en el español y dé ejemplos de palabras que sigan estas reglas y otros que no sigan las reglas.
4. Explique los términos *diptongo, triptongo y en hiato*. Dé ejemplos originales para ilustrar cada fenómeno. Dé un ejemplo de una palabra que contiene dos vocales en hiato donde una de ellas no sería nuclear (donde ésta sería más bien el miembro deslizado de un diptongo) si no fuera por un acento ortográfico.
5. Dé tres pares de palabras en que cada vocablo de cada par tiene un significado distinto y/o pertenece a otra categoría gramatical, pero se distingue del otro ortográficamente sólo mediante un acento ortográfico. Ilustre el uso de estas seis palabras.
6. Ilustre las dificultades que podrían resultar por el sistema ortográfico del español en cuanto al uso de cada una de las siguientes letras ortográficas: <h, b, v, c, z, s, g, j, x, y, ll>.
7. Explique la diéresis y cómo se emplea en el español.
8. ¿Puede Ud. dar ejemplos de palabras en español que contengan <k> o <w>? ¿Puede explicar por qué tales palabras son relativamente raras en español?
9. ¿Qué son los corchetes y para qué se usan en el campo de la fonética?
10. Explique cómo es diferente el uso de letras mayúsculas y minúsculas en la transcripción fonética en comparación con sus usos en la ortografía estándar del español. ¿Se emplea la puntuación en las transcripciones?
11. Explique la diferencia entre los usos del acento (´) en la ortografía y en la transcripción fonética.
12. Transcriba una palabra del español para ilustrar cada uno de los siguientes símbolos fonéticos: [b, k, s, g, x, tʃ, j, w, i̯, u̯]. Luego, indique la sílaba tónica (mediante un [´] para cada una de las palabras multisilábicas transcritas.
13. En las frases y oraciones, ¿qué categorías de palabras típicamente contendrán una sílaba tónica? ¿Qué categorías de palabras normalmente *no* contienen una sílaba tónica en una frase u oración? Transcriba una frase original en español que contenga palabras de los dos tipos.

Unidad 3
Las vocales

CAPÍTULO 9

Las vocales del español y del inglés

Características generales de las vocales

Una vocal es un sonido que se produce mediante la vibración de las cuerdas vocales sin ninguna obstrucción audible en la cavidad oral. (Las consonantes, en cambio, se producen mediante tales obstrucciones.) Hay diferentes cualidades de vocales según la posición de la lengua y de los labios. Sabemos, por ejemplo, que el médico nos pide que produzcamos el sonido [a] cuando nos examina, porque para producir este sonido la lengua queda en una posición bastante baja, causando que la cavidad oral esté en su posición más abierta. La lengua está también en una posición central (no anterior ni posterior) durante la producción de esta vocal. Además, los labios quedan en una posición neutra (ni redondeada ni estirada). Por lo tanto, la descripción fonética de esta vocal es la siguiente:

[a] vocal central, baja (o abierta), neutra

En esta descripción *baja* se refiere a la posición de la lengua, mientras que *abierta* describe el estado de la cavidad oral. En cuanto a estos dos términos, aunque se puede usar el uno o el otro, se recomienda *baja* para evitar confusión con otros usos del término *abierto* en otros contextos fonéticos. Lo mismo se puede decir de los términos *alta* y *cerrada*, siendo aquélla (*alta*) la que se recomienda.

Las cinco vocales del español

El español tiene un total de cinco fonemas vocálicos, los cuales se pueden representar gráficamente en una forma triangular, según la posición de la lengua, como se ha hecho en la página 59.

Para hacer una descripción fonética de cada vocal, siempre se comienza con la posición de la lengua en el eje horizontal: anterior/central/posterior. Luego se indica su posición en el eje vertical: alta (o cerrada)/media/baja (o abierta). El último rasgo que se indica en una descripción fonética es la posición de los labios: estirada/neutra/redondeada. La vocal /i/, entonces se describe en esta forma:

/i/ vocal anterior, alta (o cerrada), estirada

Por lo que se observa en el sistema vocálico en la tabla, en español cada vocal anterior es también estirada, cada vocal posterior es redondeada y la vocal central es automáticamente neutra. Esto no es el caso en todos los idiomas; el alemán, por ejemplo, tiene vocales que son anteriores y redondeadas al mismo tiempo como en la palabra *müde* [my.də] (*cansado*), en que [y] es una vocal *anterior*, alta y *redondeada*. En cuanto al español, entonces, hay lingüistas que prefieren no incluir la posición de los labios en las descripciones de las vocales porque ésta se determina según la posición de la lengua.

El sistema vocálico del español

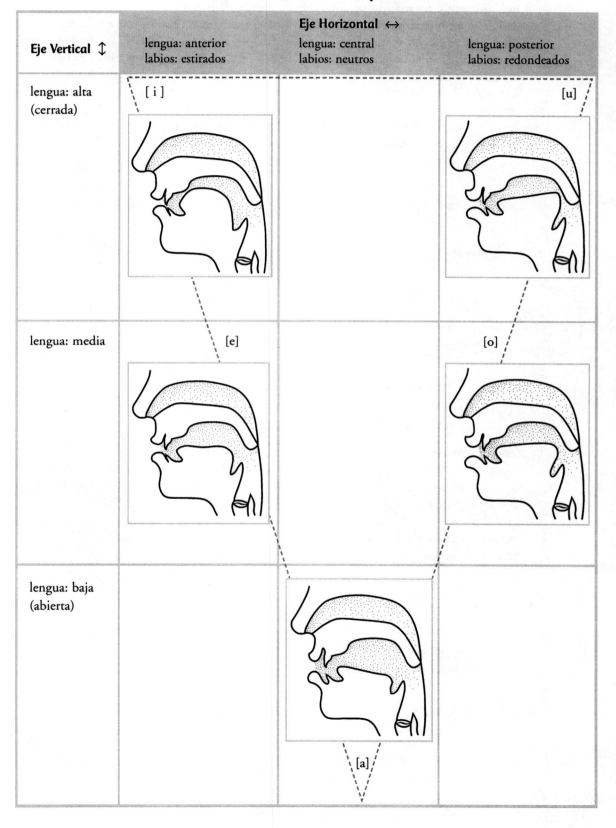

Para cada una de las vocales del español hay un leve contraste entre una articulación más abierta y otra más cerrada, según su posición dentro de la sílaba y otras influencias debido al ambiente fonético en que la vocal se encuentra. Para ilustrar este contraste, la vocal /e/, como las demás vocales, tiene dos posibles articulaciones: [ẹ] (más cerrada y tensa) y [ę] (más abierta y relajada). Se oye esta diferencia, por ejemplo, entre cómo se articulan las dos instancias de <e> en la palabra *este*. La primera es abierta (por encontrarse en una sílaba cerrada, o sea, que termina en una consonante) y la segunda es cerrada (por estar en una sílaba abierta). La transcripción de *este*, entonces, podría ser así: [ęs-tẹ]. Sin embargo, este contraste no es sobresaliente para la mayoría de las vocales. Por lo tanto, no será necesario indicarlo en la transcripción fonética.

Práctica

A. Rasgos de las cinco vocales del español. Indique cada vocal que cabe dentro de los siguientes términos descriptores.

Ejemplos: posterior /u/ ; /o/

neutra /a/

1. media _____
2. central _____
3. anterior _____
4. estirada _____
5. redondeada _____
6. alta (cerrada) _____
7. baja (abierta) _____

B. Identificación de las cinco vocales. Revise el sistema vocálico según la tabla de la página 59. Después, trate de identificar cada vocal según su descripción fonética correspondiente *sin consultar la tabla*. Luego, con otro/a estudiante, lea las descripciones en voz alta, cambiando el orden de éstas y sin que su compañero/a mire el texto o sus apuntes. Su compañero/a debe indicar la vocal correcta lo más rápidamente posible. Luego, cambien Uds. de papel. Se sugiere que se hagan tarjetas (*flash cards*) con una descripción escrita en cada una para practicar.)

1. vocal posterior, media, redondeada _____
2. vocal anterior, alta, estirada _____
3. vocal central, baja, neutra _____
4. vocal anterior, media, estirada _____
5. vocal posterior, alta, redondeada _____

Las características de las vocales del español

Las características generales de las vocales del español contrastan mucho con las del inglés. El angloparlante que emplee las características fonéticas de su propio sistema vocálico cuando habla español demostrará un acento extranjero muy fuerte. Es importante, entonces, que se entiendan las diferencias para poder eliminar, al grado posible, el acento extranjero relacionado con otro sistema vocálico.

En comparación con las vocales del inglés, entonces, las del español son:

- más cortas
- más puras (sin diptongación)
- más contrastivas (sin **vocales centrales medias**)

El sistema vocálico del inglés

Lo que a menudo llamamos las vocales *largas* del inglés son en realidad diptongos, o sea que normalmente incluyen un deslizamiento. Para poder entender mejor las diferencias entre los dos sistemas, se expone a continuación el sistema vocálico para el inglés. Las flechas en esta tabla indican la dirección del movimiento de la lengua para los deslizamientos indicados.

El sistema vocálico del inglés

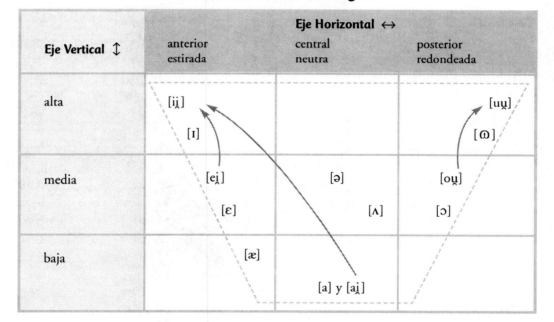

Eje Vertical ↕	Eje Horizontal ↔		
	anterior estirada	central neutra	posterior redondeada
alta	[iɪ̯] [ɪ]		[uʊ̯] [ɷ]
media	[eɪ̯] [ɛ]	[ə] [ʌ]	[oʊ̯] [ɔ]
baja	[æ]	[a] y [aɪ̯]	

Conviene notar que hay mucha variación dialectal en inglés en cuanto a algunas de las vocales. Sin embargo, sigue unas palabras que ilustran una articulación bastante típica de cada vocal.

1. [iɪ̯]	b*ea*t		8. [ə]	sof*a*
2. [ɪ]	b*i*t		9. [ʌ]	b*u*t
3. [eɪ̯]	b*ai*t		10. [ɔ]	b*ou*ght
4. [ɛ]	b*e*t		11. [oʊ̯]	b*oa*t
5. [æ]	b*a*t		12. [ɷ]	b*oo*k
6. [a]	c*o*t		13. [uʊ̯]	b*oo*t
7. [aɪ̯] (o [ʌɪ̯])	b*i*te			

Es evidente por estos ejemplos que las llamadas vocales largas del inglés son, en realidad, diptongos. En español *nunca* hay una diptongación de las vocales que se representan *ortográficamente* como simples (<a, e, i, o, u>), y normalmente todas son cortas. Es importante eliminar la tendencia de usar vocales largas y diptongadas cuando se habla español para reducir el acento extranjero y para evitar la posibilidad de comunicar una idea equivocada, como uno podría hacer fácilmente por la resultante falta de contraste fonético entre las palabras como el siguiente par:

reino (*kingdom*)   [réi̯.no]
reno (*reindeer*)   [ré.no]

Práctica

C. **Contraste entre las vocales del español y las del inglés en palabras individuales.** Con otro/a estudiante, practique el contraste entre las vocales largas diptongadas del inglés y las vocales cortas y puras del español.

inglés	*español*		*inglés*	*español*
1. *tea*	ti		19. *day*	de
2. *me*	mi		20. *Faye*	fe
3. *Dee*	di		21. *Hey!*	ge ("g")
4. *Eee!*	y		22. *lace*	les
5. *Leo*	lío		23. *May*	me
6. *knee*	ni		24. *Kaye*	que
7. *Pete*	Pito		25. *ray*	re
8. *seat*	sitio		26. *say*	se
9. *bee*	vi		27. *waylay*	huele
10. *veal*	vil		28. *Yay!*	yeso
11. *you*	yunque		29. *Oh!*	o (*or*)
12. *guru*	gurú		30. *bow (for hair)*	bobo
13. *Ooo!*	u (*or*)		31. *cocoa*	coco
14. *chew*	chula		32. *go*	gota
15. *Lulu*	Lulú		33. *Ho ho!*	¡Jo jo!
16. *Sue*	su		34. *low*	lo
17. *too*	tú		35. *No!*	¡No!
18. *bait*	Beto			

D. **Práctica oral de las vocales del español en oraciones.** Trabajando con un/a compañero/a de clase, lea las oraciones en voz alta, evitando las vocales largas, diptongadas y poco contrastivas del inglés.

1. El propósito de la misión diplomática fue evitar una posible guerra interminable.
2. El informante clandestino ayudó mucho con la investigación policíaca.
3. ¿Es fácil o difícil comprender la historia de Honduras?
4. California, Colorado, Arizona y Nevada son cuatro estados del oeste.
5. Es posible que el obrero abra la oficina a las ocho hoy.
6. Podemos ofrecerle este precio a Óscar en el otoño, pero no en el invierno.

7. Parece que el caudillo de esa nación quiere fomentar confusión entre la población.
8. La matriculación cuesta demasiado en esta institución a pesar de los fondos impositivos que se reciben.
9. Me encanta la música cubana en aquella película norteamericana.
10. No vi a Lulú ni a Beto en Antofagasta el año pasado, aunque creía que los iba a ver allá.

E. **Repaso de las descripciones fonéticas de las vocales del español.** Sin volver a las primeras páginas de este capítulo, escriba descripciones fonéticas completas para las vocales. Luego, vuelva a la **Práctica B** (página 60) para corregirlas.

1. [a] _____
2. [e] _____
3. [i] _____
4. [o] _____
5. [u] _____

Aplicaciones

A. **Locutor/a de radio.** Ud. va a tener la oportunidad de compartir alguna noticia en una emisora de radio de habla española de su región. Busque alguna noticia de interés escrita en español de una revista, periódico o en la Red Mundial. Luego, usando un lápiz u otro objeto para simular el micrófono, lea el artículo para los radioyentes (sus compañeros de clase), prestando atención a las vocales cortas, puras y contrastivas del español. Su profesor/a posiblemente le pedirá que grabe su noticia para entregársela.

B. **Dramatización: perdido/a en Teotihuacán.** Imagine que Ud. ha viajado a las ruinas de Teotihuacán, cerca de la Ciudad de México con un/a amigo/a (cualquier estudiante de la clase). Desgraciadamente, su amigo/a, quien no habla español, después de ir a los sanitarios se pierde y Ud. no tiene ninguna idea de dónde se encuentra. Ud. habla con un/a guía de allá (otro/a compañero/a de clase), quien le va a ayudar a buscar a su amigo/a. (¡Este/a estudiante no debe saber cuál de los otros estudiantes Ud. ha elegido!) Describa a su amigo/a para que el/la guía lo/la pueda reconocer. Incluya aspectos físicos, así como detalles observables de la personalidad de la persona y el/la guía tratará de identificarlo/la. Debido a que hay mucha gente y mucho ruido alrededor de Uds., hay que emplear vocales cortas, puras y contrastivas para que los dos se entiendan con facilidad. El/La profesor/a o un/a tercer/a estudiante evaluará su articulación de las vocales.

Capítulo 10

Las vocales tónicas y átonas del español y del inglés

Las vocales tónicas y átonas del español

Como ya se sabe, la mayoría de las palabras multisilábicas en español contienen una sílaba **tónica**, la cual recibe más fuerza vocálica que las otras sílabas. Las demás son sílabas **átonas**, es decir, las que no reciben la acentuación tónica. En las palabras *casa*, *profesor* y *esdrújula*, por ejemplo, las sílabas tónicas son las que aparecen en negrilla. Todas las demás sílabas de estas tres palabras son átonas. Es importante notar que, aunque la sílaba tónica dura típicamente un poquito más que las otras sílabas, este contraste de duración no es tan grande como a menudo llega a ser en el inglés. Las excepciones ocurren cuando se habla con mucho énfasis y también típicamente en algunos dialectos regionales, en los cuales algunas sílabas tónicas frecuentemente llegan a ser bastante más largas que las otras. Un caso de este fenómeno regional se oye en el dialecto rioplatense (de Argentina y Uruguay).

Práctica

A. **Sílabas átonas.** En este ejercicio identifique y escriba todas las sílabas átonas de cada palabra. Luego, pronuncie las palabras, poniendo mucha atención en la articulación apropiada de cada vocal y evitando el uso de vocales y sílabas muy largas y parecidas a las del inglés.

Ejemplos: tanto   to _____

prefiguración   pre/fi/gu/ra _____

1. talón _____
2. una _____
3. tumor _____
4. total _____
5. unidad _____
6. espíritu _____
7. fielmente _____
8. universidad _____
9. armonía _____
10. humor _____
11. oportunidad _____
12. óptima _____
13. maldecir _____
14. banana _____
15. siderúrgico _____
16. maldiciendo _____
17. mañana _____
18. Tegucigalpa _____
19. noviembre _____
20. cónyuge _____
21. rigor _____
22. Paraná _____
23. Santiago _____
24. Parangaricutirimícuaro _____

La vocal *schwa*, [ə] del inglés

Una tendencia muy común entre los anglohablantes es la de emplear una vocal central media neutra [ə] en la mayoría de las sílabas átonas. Este sonido se conoce por el término alemán ***schwa***, y se usa muchísimo en las sílabas átonas del alemán y del inglés. Este fenómeno causa problemas para muchas personas —angloparlantes y otros— en la ortografía del inglés. Para ilustrar esta dificultad, considere las siguientes palabras inglesas, cuyas sílabas átonas en la última sílaba contienen la vocal [ə], aunque ésta se representa ortográficamente siempre con letras distintas:

counc*i*l	[kau̯n.səl]	capit*o*l	[kæ.pə.təl]
couns*e*l	[kau̯n.səl]	capit*a*l	[kæ.pə.təl]
gratef*u*l	[gre̯i̯t.fəl]	peo*ple*	[pi̯i̯.pəl]
eth*y*l	[ɛ.θəl]		

Aunque cada palabra de la lista emplea un símbolo vocálico ortográfico distinto <i, e, u, y, o, a>, o *ninguna* vocal ortográfica (<pl>), la sílaba átona final se articula con la vocal *schwa*. Se puede ver que se reducen las vocales átonas del inglés a la vocal *schwa* muy a menudo y a pesar de la vocal ortográfica que se emplee.

Cuando una <r> le sigue a la vocal *schwa* en inglés, aquélla causa que la vocal sufra una **rotacismo**; es decir, la vocal demuestra una colorización de la <r>. Esta vocal con rotacismo se representa con el símbolo [ɚ], como en el caso de la palabra inglesa *herder*: [hɚ.dɚ]. Puesto que este fenómeno no ocurre en el español, el rotacismo de las vocales debe evitarse siempre en casos como *perder* y *cura*.

Práctica

B. Dificultades con las vocales átonas del inglés. En el siguiente párrafo del comediante George Carlin, identifique las faltas ortográficas que han sido añadidas. (Tales faltas son relativamente típicas de muchos angloparlantes). Escriba sus correcciones y una explicación para las causas de las faltas en los espacios en blanco en la próxima página. Luego, indique cuáles serían las equivalentes (las que tienen cognados) de estas palabras en español. ¿Es probable que las palabras equivalentes sufran faltas ortográficas similares en español? ¿Por qué sí o por qué no?

Now, the Indians. I call them Indians because that's what they are. They're Indians. There's nothing wrong with the word Indian. First of all, it's importent to know that the word Indian does not dirive from Columbus mistakinly believing he had reached "India". India was not even called by that name in 1492; it was known as Hindustan. More likely, the word *Indian* comes from Columbus's discription of the people he found here. He was an Italian, and did not speak or write very good Spanish, so in his written accounts he called the Indians, "Una gente in Dios." A people in God. In Dios. Indians. It's a purfectly noble and respectible word.

"Apolagies" to George Carlin, *Braindroppings*
[adapted to introduce orthographic errors]

1. _____ (palabra mal escrita)

   _____ (breve análisis)

2. _____

   _____

3. _____

   _____

4. _____

   _____

5. _____

   _____

6. _____

   _____

7. _____

   _____

C. Identificación de la vocal *schwa*. Identifique todos los probables usos de la vocal *schwa* en las palabras del siguiente párrafo. Cada vez que sea probable que se emplee una *schwa* subraye la/s vocal/es. ¿Se usa [ə] en las sílabas átonas del inglés siempre? ¿A menudo? ¿Pocas veces?

> The intelligence of Spanish phonetics students at several American colleges and universities is legendary. Typically these individuals go on to become Rhodes Scholars and other top intellectuals in the United States. Rather than accepting menial, monotonous jobs involving manual labor with predictable outcomes, these people participate in the development of philosophical and technological wonders.

D. Evitando la vocal *schwa*, [ə], en español en palabras individuales y frases sintagmáticas. Trabajando en grupos pequeños, pronuncien las siguientes palabras y frases sintagmáticas, empleando siempre vocales cortas y evitando la vocal *schwa*.

1. inteligencia	9. semántica	17. esta gente
2. española	10. maravillas	18. la oficina
3. fonética	11. tecnológicas	19. el resultado
4. fonología	12. filosofía	20. me mintió
5. morfología	13. filosófico	21. una obra monótona
6. ortografía	14. desarrollo	22. durmiendo en casa
7. sintaxis	15. íntimamente	23. sintiendo el espíritu
8. léxico	16. frecuentemente	24. terminada esta práctica

E. Evitando la vocal *schwa*, [ə], en español en oraciones completas. Trabajando en grupos pequeños, lean las siguientes oraciones, empleando vocales cortas y puras sin usar la vocal *schwa*.

1. La inteligencia de los estudiantes de esta institución es legendaria.
2. Muchos de ellos reciben becas muy prestigiosas que pagan muy bien.
3. Muchas de estas personas llegan a ser intelectuales e inventores.
4. Pero sobre todo, y casi sin excepción, todos ellos prefieren estudiar la fonética y la fonología.
5. Naturalmente, los profesores de la universidad son también muy listos.
6. Hay catedráticos aquí de todas partes del país y de muchas regiones del planeta.
7. Ojalá que los derechos de matrícula no costaran tanto; sin embargo, una educación de calidad vale bastante.
8. Los administradores universitarios tienen mucho orgullo de los magníficos programas que se ofrecen aquí.
9. Aquí se estudian ciencias, humanidades, bellas artes, medicina, derecho, negocios, tecnología, ciencias sociales y más.
10. Yo creo que hay suficientes alabanzas ya en este ejercicio.

Aplicación

Práctica de las vocales usando un texto publicado. Busque un breve pasaje interesante de por lo menos cincuenta palabras en una revista, periódico o libro en español. Haga una fotocopia del pasaje o cópielo a mano y subraye cada vocal átona que el angloparlante fácilmente pudiera pronunciar equivocadamente como la vocal [ə]. Luego, lea el pasaje en voz alta para unos compañeros de clase *sin* emplear la *schwa*. Después, el grupo puede resumir y/o comentar el contenido del pasaje empleando siempre vocales apropiadas para el español.

Repaso

Unidad 3
Capítulos 9–10

Prepare las respuestas a las siguientes preguntas o dé ejemplos, según el caso, en una hoja de papel aparte. Luego, compare sus respuestas con las de otros estudiantes.

1. Indique las cinco vocales del español y dé la descripción fonética de cada una.
2. Dibuje una tabla del sistema vocálico triangular del español y ponga cada uno de los siguientes términos en su lugar apropiado: *anterior, central, posterior, alta, media, baja, estirada, redondeada* y *neutra*. Luego, coloque cada una de las vocales del español en el lugar apropiado.
3. Explique la redundancia de los términos *estirada, redondeada* y *neutra* en las descripciones de las vocales del español. ¿Serían redundantes para cualquier idioma? Explique.
4. Compare las características generales de las vocales del español con las de las vocales del inglés.
5. Explique las diferencias típicas entre las características de las vocales tónicas y las de las vocales átonas del español.
6. Haga una descripción fonética de la vocal [ə] del inglés. ¿En qué tipo de sílaba aparece la vocal *schwa* típicamente en el inglés? Dé varios ejemplos originales de palabras inglesas que generalmente contengan esta vocal. ¿Dónde se encontraría esta vocal en la tabla que Ud. dibujó para el número 2?
7. Explique lo que es el rotacismo de una vocal. ¿En qué idioma ocurre típicamente? Dé varios ejemplos originales. Luego, dé algunos ejemplos de palabras en español en que hay que tener cuidado para evitar el rotacismo.
8. Dé un ejemplo de una palabra en inglés que para Ud. pudiera ser difícil de deletrear a causa de alguna vocal *schwa*. ¿Hay algún cognado en español que corresponda a esta palabra que le pueda ayudar a saber cómo se escribe en inglés, por ejemplo, convertible/*convertible*?

Unidad 4
Los rasgos suprasegmentales

Capítulo 11

El ritmo, la prolongación y el volumen

Los varios rasgos suprasegmentales

Al estudiar las vocales en capítulos anteriores, estábamos analizando segmentos, es decir, sonidos individuales. Cuando uno va más allá de los sonidos individuales en su análisis para considerar ritmo, entonación y otros rasgos relacionados, se trata de un análisis **suprasegmental**. En el presente capítulo, se analizarán tres aspectos suprasegmentales: el ritmo, la prolongación y el volumen. El tema del **Capítulo 12** será la **entonación**, o sea, los tonos típicos del español.

El ritmo: las cuestiones de duración y volumen

Según los análisis tradicionales, una de las manifestaciones más obvias de un acento norteamericano o inglés en el español es el empleo de un ritmo *acentual* en vez de un ritmo *silábico*. Sin embargo, las investigaciones más recientes han demostrado que esta distinción no es totalmente verídica. La teoría del ritmo silábico sugiere que cada sílaba tiene más o menos la misma duración que las demás sílabas, concepto que se aceptaba hasta épocas muy recientes cuando la tecnología nos ha ayudado a entender el ritmo del español (y de otros idiomas romances) de una forma mucho más acertada. La realidad es que el español, tal como ocurre en el inglés, tiene sílabas que son más largas que las demás, y éstas típicamente son las sílabas tónicas, aunque no siempre. Lo que sí se puede decir es que una sílaba es más larga cuando llega a ser tónica de lo que sería de otro modo.

Sin embargo, es aparente que este contraste de duración entre sílabas llega a ser a menudo mucho mayor en el inglés que en el español. Además, en inglés hay sílabas tónicas y semitónicas, así como las átonas; las semitónicas son típicamente más largas que las átonas, y las tónicas pueden ser *mucho* más largas. Considere la palabra *inconceivable*, en la cual las sílabas *in-* (semitónica) y *-ceiv-* (tónica) son más largas que las demás sílabas, siendo la tónica *mucho* más larga. Este fenómeno es también evidente a nivel de las oraciones. Por ejemplo, lea la siguiente oración en voz alta:

We picketed them for three hours.

Note que las sílabas en *three hours* son mucho más largas que las otras sílabas de esta oración, algunas de las cuales son *extremadamente* cortas. Este gran contraste es típico del inglés, y aunque existe también un contraste de duración en el español, deben evitarse sílabas que son *varias veces* más largas, o más cortas, que las demás sílabas en una emisión. En español la palabra *inconcebible*, por ejemplo, no debe pronunciarse con ninguna sílaba tan larga (o corta) como se puede observar en *inconceivable*.

Aunque antes se creía que la sílaba tónica recibía más volumen (fuerza) que las átonas, también se ha demostrado recientemente que lo que diferencia una sílaba tónica de una átona no es tanto un contraste en el volumen, sino una subida en el tono dentro de la sílaba misma, algo similar a lo que ocurre en el inglés y en otros idiomas. (Se hará un análisis más detallado de la entonación del español en el **Capítulo 12**.)

A pesar de las similitudes que acaban de citarse, el ritmo del español *no* sigue el mismo patrón que el del inglés. En una oración como *Esto fue totalmente inconcebible*, no debe haber contrastes de duración tan grandes como los que se pueden oír a menudo en el inglés. (Sin embargo, tiende a haber un contraste bastante mayor en ciertos dialectos regionales del español, como en el rioplatense [Buenos Aires, Montevideo, etc.] en que las sílabas tónicas pueden ser bastante más largas.) El empleo de un patrón rítmico típico del inglés produce un acento fuertemente extranjero en el español:

* Eesto fue tootalmeeente iinconcebiiible.

Práctica

A. El ritmo del español en palabras individuales. En grupos pequeños, pronuncien las siguientes palabras, asegurándose de que ninguna sílaba —tónica o átona— demuestra un contraste tan grande de duración como el que se emplea a menudo en el inglés.

1. increíble	9. abuelito	17. hipocondríaco
2. increíblemente	10. precipitado	18. helicóptero
3. indiscutible	11. precipitadamente	19. hemisferio
4. indiscutiblemente	12. abominable	20. palabrería
5. verdadero	13. abominablemente	21. policromático
6. verdaderamente	14. concupiscencia	22. computadora
7. murciélago	15. entusiasmadísimo	23. rapidísimamente
8. bisabuela	16. polifacético	24. siderúrgico

B. El ritmo del español en las oraciones. En grupos pequeños lean las siguientes oraciones en voz alta, asegurándose de que ninguna sílaba —tónica o átona— demuestra un contraste tan grande de duración como el que se emplea a menudo en el inglés.

1. Mi abuelita es indudablemente una de las personas más interesantes que yo haya conocido.
2. Mi padrastro fue verdaderamente un médico que hacía la cirugía mejor que muchos otros.
3. Ese abominable murciélago rapidísimo es el animal favorito de mi hijita.
4. Mi bisabuela dio a luz a mi abuelito en mil ochocientos noventa y seis.
5. Las relaciones familiares son típicamente asuntos polifacéticos y complicadísimos.
6. Parecía que mi tío hipocondríaco se enfermaba cada vez que lo visitábamos.
7. Según algunas doctrinas religiosas, la concupiscencia es un pecado gravísimo.
8. Ésta es indiscutiblemente la última frase de esta práctica rítmica.

La prolongación

Otro rasgo suprasegmental relacionado con el ritmo es la prolongación. Este rasgo se emplea a veces dentro de una sílaba tónica cuando se habla de una forma muy enfática, por ejemplo, *me costó muuucho* [me.kos.tó.mú:.tʃo] (Note que el símbolo (:) se emplea para indicar una mayor duración en la transcripción fonética.)

El propósito de la prolongación es el de hacer hincapié en el vocablo clave de la frase, intensificando la fuerza locutoria de la palabra. Esto ocurre esencialmente en cualquier dialecto del español, aunque algo más frecuentemente en unos (como en el rioplatense) que en otros.

El volumen

El volumen, como ya se ha mencionado, es otro rasgo suprasegmental. El volumen varía según diversos factores —el ambiente, la situación, las emociones, el nivel de bienestar físico, la identidad y posición social de los interlocutores, etc. Hay una tendencia en muchos dialectos del inglés a usar un volumen más bajo en situaciones cotidianas en comparación con lo que hacen a menudo los hispanoparlantes. Naturalmente hay excepciones, por lo que se debe evitar la formación de estereotipos. Sin embargo, es posible que un angloparlante se ofenda cuando un hispano le habla de una forma "agresiva", o que el hispano se ofenda porque el norteamericano habla en voz baja como si estuviera aburrido o fuera antipático. En el supermercado, por ejemplo, el "*Excuse me*" del norteamericano que pasa por entre otro cliente y las mercancías en los estantes apenas se oye muchas veces. Y aunque se oiga, el otro cliente a menudo ni responde. El "*Permiso*" del hispanoparlante se emite con bastante más volumen típicamente, y además, ocurre raramente que el otro no responda, por ejemplo, con "*Suyo*". El nivel de volumen que se emplea según el contexto de la situación es un importante aspecto sociolingüístico y cultural.

Aplicaciones

A. **Análisis del ritmo de "Los maderos de San Juan".** En grupos pequeños hagan las actividades que siguen, basándose en el fragmento del poema titulado "Los maderos de San Juan" de José Asunción Silva, poeta colombiano.

1. Lean en voz alta los siguientes versos. Asegúrense de que ninguna sílaba —tónica o átona— demuestra un contraste tan grande de duración como el que se emplea a menudo en el inglés. Recuerden también que se debe evitar la vocal [ə], el uso de la cual tiene el efecto de reducir *demasiado* la duración de la vocal, creando un ritmo muy extranjero.

Los maderos de San Juan (fragmento)

	sílabas
... Y aserrín	_____
aserrán,	_____
los maderos	_____
de San Juan	_____
piden queso	_____
piden pan; los de Roque,	_____
Alfandoque; los de Rique,	_____
Alfeñique;	_____
los de Trique,	_____
Triquitrán	_____
¡Triqui, triqui, triqui, tran!	_____
¡Triqui, triqui, triqui, tran!	_____

2. Indiquen cuántas sílabas contiene cada verso.

3. ¿Se les ocurre un ejemplo de algún poema infantil en inglés en que haya palabras "inventadas" que creen cierto efecto? Explíquenlo. ¿Cuáles son algunas razones por las cuales "inventamos" palabras en los idiomas? Concéntrese en usar un ritmo típico del español al hacer su análisis.

B. Análisis del ritmo y del contenido del "Sensemayá." En grupos pequeños, hagan las actividades que siguen, basándose en el trozo del poema "Sensemayá: Canto para matar una culebra" del poeta afrocubano, Nicolás Guillén.

1. Lean en voz alta los siguientes versos. Asegúrense de que ninguna sílaba —tónica o átona— demuestra un contraste tan grande de duración como el que se emplea a menudo en el inglés. Recuerden también que se debe evitar la vocal [ə], el uso de la cual tiene el efecto de reducir *demasiado* la duración de la vocal, creando un ritmo muy extranjero.

Sensemayá: Canto para matar una culebra (fragmento)

¡La culebra muerta no puede comer;
la culebra muerta no puede silbar;
no puede caminar,
no puede correr!
¡La culebra muerta no puede mirar;
la culebra muerta no puede beber;
no puede respirar,
no puede morder!

¡Mayombe—bombe—mayombé!
Sensemayá la culebra...
¡Mayombe—bombe—mayombé!
Sensemayá no se mueve...
¡Mayombe—bombe—mayombé!
Sensemayá la culebra...
¡Mayombe—bombe—mayombé!
¡Sensemayá, se murió!

2. Comenten el contenido del poema también, indicando su propia opinión sobre el nivel de peligro que presentan las víboras o culebras. ¿Matarían Uds. una culebra si vieran una? ¿Por qué sí o por qué no? Al hablar, recuerden también que Uds. deben usar un ritmo típico del español. Por otra parte, si hablan de forma más emocional o enfática, pueden prolongar algunas sílabas y/o aumentar el volumen.

C. Análisis del ritmo y del contenido de "El corrido de Pancho Villa". En grupos pequeños, hagan las actividades que siguen, basándose en el fragmento de "El corrido de Pancho Villa".

1. Lean en voz alta los siguientes versos. Asegúrense de que ninguna sílaba —tónica o átona—demuestra un contraste tan grande de duración como el que se emplea a menudo en el inglés. Recuerden también que se debe evitar la vocal [ə], el uso de la cual tiene el efecto de reducir *demasiado* la duración de la vocal, creando un ritmo muy extranjero.

El corrido de Pancho Villa (fragmentos)

Hoy nuestro México febrero veintitrés
Los mandó Wilson seis mil americanos,
Tres mil caballos y doscientos aeroplanos
Buscando a Villa por todo el país.

Francisco Villa por todos los caminos
Ponía una tumba diciendo—Aquí está ya
El valiente, el valiente Pancho Villa.
Por eso nunca lo podían encontrar.

Cuando llegaron los vecinos a Chihuahua
Las afueras del pueblo de Parral,
Pancho Villa les puso una emboscada,
De la que ni uno se pudo escapar.

Yo soy nacido en las sierras de Chihuahua,
Soy el soldado más fiel en el batallón.
¡Viva Villa! ¡Qué vivan sus dorados!
¡Y que viva la revolución!

2. Comenten a la clase entera lo que Uds. sepan sobre los temas siguientes:

- la identidad de Francisco Villa
- la identidad de Wilson
- los "vecinos" de la tercera estrofa y los "dorados" de la cuarta
- la ubicación de Chihuahua y Parral (Busque un mapa.)
- la revolución mexicana y el evento del veintitrés de febrero

No se olviden de emplear un ritmo típico del español al hablar sobre estos temas. Escuchen la grabación de esta canción en el CD de este texto o busquen una persona que la sepa cantar para oír la versión completa.

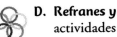 **D. Refranes y el ritmo.** El uso de refranes es muy común en el habla popular. Hagan las actividades sobre estos dichos a continuación.

1. Lea los siguientes refranes en voz alta con un ritmo típico del español. Recuerde que los diptongos forman una sola sílaba.

- Del dicho al hecho hay gran trecho.
- En tierra de ciegos, el tuerto es rey.
- Aunque la mona se vista de seda, mona se queda.
- Más vale andar solo que estar mal acompañado.
- Por mirar a la luna, caí en la laguna.
- Porque se muera un sargento no se deshace un regimiento, ni por la muerte de un fraile su convento.
- Por los pobres agricultores son ricos los señores.
- Detrás de la cruz se esconde el diablo.
- No hay mal que cien años dure.
- Por el equipaje se conoce al pasajero.

2. Explique el significado de cada refrán, empleando un ritmo típico. ¿Nos indican algo acerca de la cultura hispana específicamente o hay algunos que expresen ideas que se pudieran considerar universales? ¿Conoce Ud. algún refrán o dicho más o menos equivalente en inglés?

 E. **Un poema *cinquain* original y el ritmo.** Cree su propio poema *cinquain* (de la tradición francesa), siguiendo el patrón y los ejemplos a continuación. Escrito su poema, léaselo a unos compañeros de clase con el ritmo apropiado.

Primer verso: Articula el tema o sujeto con *una* sola palabra.
Segundo verso: Describe el sujeto en *dos* palabras.
Tercer verso: Indica acciones que se relacionan con el sujeto en *tres* palabras.
Cuarto verso: Expresa una emoción relacionada con el sujeto en *cuatro* palabras.
Quinto verso: Articula de nuevo el sujeto, empleando *otra* palabra.

Ejemplos: Ciudad
                Grande, impresionante
                Manejando, caminando, corriendo
                Siempre me cansas tanto
                Vida.

                Papá
                Tan tranquilo
                Tocando tu música
                ¡Si tuviera tu talento!
                Inspiración

Su propio poema:

_____

_____   _____

_____   _____   _____

_____   _____   _____   _____

_____

Capítulo 12

La entonación

Los sistemas de tonos y su adquisición

En el **Capítulo 11** se han analizado tres rasgos suprasegmentales: el ritmo, la prolongación y el volumen. El cuarto rasgo suprasegmental es el tono, el cual es la característica de diferenciación principal entre, por ejemplo, un hablante "soprano" y un hablante "bajo". Hay mucha variedad entre los hablantes en este aspecto. Sin embargo, cada hablante de un idioma emplea un sistema de tonos en que la variación *relativa* entre niveles de tonos es bastante regular, según el tipo de oración y la situación lingüística. Esta relativa regularidad fácilmente engaña a los estudiantes de un segundo idioma. Es que hay tantas diferentes situaciones lingüísticas y posibles combinaciones léxicas, que es muy difícil aprender y emplear eficazmente el sistema tonal de cualquier segundo idioma sin manifestar un acento extranjero fácilmente identificable. En nuestro primer idioma hemos tenido una ventaja bastante grande en que probablemente comenzamos *primero* a aprender los patrones de entonación del idioma antes de adquirir mucho del léxico. La mejor manera de aprender otro sistema es escuchar cuidadosamente a los hispanoparlantes e imitarlos. Debido al espacio limitado de este capítulo, se analizarán sólo algunos aspectos muy básicos de la entonación típica del español con el fin de ayudarle a Ud. a comenzar a lograr una entonación más cercana a la del español. Naturalmente habrá diferencias dialectales regionales también, lo que complica aun más cualquier análisis de la entonación del español.

Contrastes tonales entre el español y el inglés

Hay distinciones importantes entre el sistema tonal del español y el del inglés. En el pasado se decía a menudo que el español tenía dos niveles de tonos, más un tercer nivel que se empleaba cuando se estaba hablando con mucho énfasis o emoción y en algunas otras circunstancias. El inglés en cambio, según lo que se creía, tenía tres niveles y un cuarto que se usaba cuando se estaba hablando de una forma muy enfática o emotiva. Sin embargo, como lo afirman los que han hecho investigaciones más recientes, éstos son *"tonos relativos*, es decir, niveles tonales definidos en relación los unos con los otros, y no en términos absolutos".[1] Según tal análisis, el tratar de precisar un número exacto de diferentes niveles tonales ya no tiene sentido, en vista de que puede haber un sinfín de matices y grados en la entonación. Además, no importa tanto el *nivel* de tono como el *movimiento de un nivel a otro,* como ser verá.

---

[1] Azevedo, Milton M. 1992. *Introducción a la lingüística española.* Englewood Cliffs, N.J.: Prentice Hall, 88.

A pesar de que ya no tiene sentido hablar de cierta cantidad de niveles tonales, todavía les resulta evidente a los investigadores que han comparado la entonación típica del español con la del inglés que parece haber una diferencia destacable entre una y otra. Este rasgo diferenciador consiste en lo que resulta ser a menudo un mayor contraste entre los todos bajos y los altos en el inglés (como se expresaba antes mediante el mayor número de niveles tonales en el inglés). Las siguientes oraciones ilustran estos contrastes:

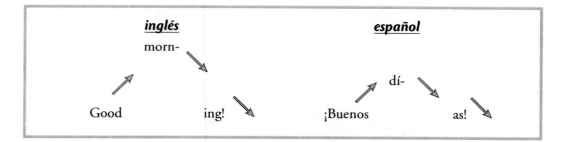

En los dos idiomas el tono sube al llegar a las sílabas tónicas *morn-* y *dí-*; es decir, lo importante es el hecho de que el tono suba *dentro* de estas sílabas. (En muchos casos aun resulta ser la sílaba siguiente —átona— en que el tono alcanza su nivel más alto.) Las flechas pretenden captar la melodía o movimiento tonal en estas emisiones. Observe que la distancia relativa entre el tono bajo y el alto es mayor en inglés, aunque ésta no es una representación exacta y científica de las distancias tonales relativas.

Conviene observar que en los dos idiomas el tono sube al llegar a la primera sílaba tónica de la oración. *Buenos,* en este caso, no se articula con una sílaba tónica, como la emisión es más una fórmula que una oración verdadera; es decir, se articula típicamente como si constara de una sola palabra con una sola sílaba tónica.

La entonación en las oraciones declarativas

En las oraciones declarativas del español cada sílaba tónica típicamente se manifiesta como tal mediante una subida tonal, como ya queda indicado antes. Además, la característica de ser declarativa requiere, bajo condiciones normales, que baje el tono al final de la oración después de la última sílaba tónica, como en el siguiente ejemplo:

Ya te di-je que i-ba a lle-gar a las sie-te y me-dia.

Observe que, aunque el tono es a menudo alto también en la sílaba átona inmediatamente después de la tónica, el rasgo clave es la *subida* del tono, y no el nivel en sí, lo que permite distinguir entre las tónicas y las átonas. (Además, como se indicaba en el **Capítulo 11,** la sílaba tónica suele ser un poco más larga que las átonas, aunque no tan larga como sucede a menudo en el inglés.)

En realidad, la cuestión es mucho más compleja de lo que se acaba de ilustrar. Por ejemplo, si esa oración declarativa se usara para responder al comentario: *No sabía que ibas a llegar a las siete y media,* entonces la entonación sería más de esta forma:

Ya te di-je que i-ba a lle-gar a las sie-te y me-dia.

O para responder a una serie de declaraciones como las siguientes, existen otros posibles patrones tonales:

No sabía lo que ibas a hacer a las siete y media.

Ya te di-je que i-ba a lle-gar a las sie-te y me-dia.

Creía que ibas a llegar a las seis y media.

Ya te di-je que i-ba a lle-gar a las sie-te y me-dia.

Creía que ibas a llegar a las siete y cuarto.

Ya te di-je que i-ba a lle-gar a las sie-te y me-dia.

En cada una de estas oraciones se enfatiza un elemento distinto mediante un mayor alzamiento del tono en la sílaba tónica, según donde se encuentra la información más importante o clave. A este fenómeno se le ha denominado **enfoque estrecho**. Conviene repetir que, a pesar de este contraste tonal mayor, el español no suele demostrar un contraste tan grande como se notaría en casos parecidos en el inglés. Por lo tanto, se debe evitar una subida de todos demasiado exagerada para el español.

La entonación en las oraciones interrogativas

Las preguntas que piden sí o no como respuesta

Aunque hay mucha variación dialectal regional, generalmente lo que distingue las preguntas que piden *sí* o *no* como respuesta de las oraciones declarativas es que aquéllas normalmente requieren que el tono suba después de la última sílaba tónica. Es decir, el tono sube dentro de la última sílaba tónica y sigue subiendo después, como en el siguiente caso:

¿Tú i-bas a lle-gar a las sie-te?

Hay una excepción en casos en que el hablante ya cree que sabe la información y sólo quiere una confirmación.

¿Tú i-bas a lle-gar a las sie- te (entonces)?

En tales casos el tono final baja, como se puede observar en este último ejemplo. En el primer ejemplo la persona se siente menos segura de lo que va a ser la respuesta que en el segundo ejemplo.

Las preguntas tag

Otro tipo de pregunta que requiere *sí* o *no* como respuesta son las llamadas preguntas *tag*. Constan de una oración declarativa seguida de un elemento interrogativo, como *¿verdad?* o *¿no?*, para convertir la oración anterior en una pregunta. La entonación típica de tales oraciones es así:

Tú i-bas a lle-gar a las sie-te, ¿ver-dad?

Las preguntas que piden información

En contraste con las preguntas que no piden nada más que *sí* o *no* como respuesta, las preguntas que piden información mediante una de las palabras interrogativas como *qué, cómo, dónde* y *por qué, no* utilizan normalmente un tono que sube durante y después de la última sílaba tónica sino que suelen terminar con un tono que baja, como en el siguiente ejemplo:

¿Pa-ra cuán-do i-bas a lle-gar a mi ca-sa?

Naturalmente, hay excepciones a casi toda regla que tiene que ver con la entonación, según el enfoque y el propósito de la oración. Por ejemplo, si se le preguntara a alguien, *¿Cuándo vengo a tu casa?*, y el oyente no pudiera creer que se le hubiera hecho tal pregunta porque opina que esto (que yo venga a su casa) nunca podría suceder, entonces bien pudiera responder de la siguiente manera:

¿Cuán-do vie-nes a mi ca-sa? ¡Im-po-si-ble!

En este caso el uso de un tono que sube demuestra la incredulidad del hablante.

La entonación que se emplea para mantener la atención del intercoluctor

Se puede deducir fácilmente, mediante los ejemplos anteriores, que las oraciones normalmente no terminan sin que suba o baje el tono. Sin embargo, hay casos en que no hay subida ni bajada, lo que tiene el efecto de indicar que el hablante no ha terminado todavía y a lo mejor está pensando en lo que va a decir. Por ejemplo, se podría decir lo siguiente:

Pri-me-ro, voy a tu ca-sa...

Aunque ésta *podría* ser una oración completa en sí, la entonación indica que la persona no ha terminado de hablar y que va a añadir algo a esta idea, a pesar de una posible pausa extendida. Hay hablantes de español que usan la palabra *este* a menudo con la última <e> alargada sin que baje el tono para indicar que algo viene después.

Pri-me-ro, voy a tu ca-sa, es-teee… en-ton-ces voy al ca-fé.

Se puede mencionar aquí también un fenómeno que parece estar llegando a ser cada día más común, tanto en el inglés como en el español. Algunos lingüistas de habla inglesa han inventado el término **uptalk** para describir la tendencia de terminar oraciones declarativas con un tono alto que sube para indicar que la persona tiene algo más que decir. Se ha discutido el propósito de tal práctica, que parece ser el de ayudarle al oyente a mantener su interés o atención en lo que se está diciendo. Algunos opinan también que el fenómeno es un indicio de la inseguridad del hablante. Sea como sea, aquí hay un ejemplo del llamado *uptalk*.

Pri-me-ro, voy a tu ca-sa. En-ton-ces voy al ca-fé…

Lo complejo de los sistemas de entonación

Como ya se ha indicado, los sistemas de entonación son sumamente complejos, por lo que es fácil equivocarse con los niveles tonales de otro idioma. Pero conviene darse cuenta de que cuando se usa el sistema de entonación del inglés en el español (o viceversa), el resultado es un obvio acento extranjero, ¡y esto aunque los segmentos individuales (consonantes y vocales) se articulen correctamente! A veces el efecto puede ser que el angloparlante parezca demasiado enfático, emocionado y hasta arrogante. Otra vez la mejor recomendación es la de escuchar cuidadosamente la manera en que los hispanoparlantes emplean su sistema de entonación e imitarlo al grado posible.

Práctica

La entonación del español. Primero, para cada oración dibuje una línea curva para indicar la probable entonación. Después, compare lo que Ud. dibujó con lo que hicieron unos compañeros de clase. ¿Hay diferentes posibilidades para algunas de las oraciones, según el supuesto contexto? Luego, lean las oraciones en voz alta. Si puede haber diferentes patrones de entonación explique el contexto para cada una.

Ejemplo: ¿Vas a a-yu-dar-me con los ras-gos su-pra-seg-men-ta-les?

1. ¿A quién le gus-ta ha-cer es-te e-jer-ci-cio?

2. Pre-fe-ri-mos ha-cer trans-crip-cio-nes.

3. ¿Sa-ben trans-cri-bir to-dos los so-ni-dos na-sa-les?

4. ¿Có-mo va el es-tu-dio de los ras-gos su-pra-seg-men-ta-les? ¿Bien?

5. (minidiálogo) —¿Van a sa-lir de la u-ni-ver-si-dad des-pués de es-ta cla-se?

   —No, te-ne-mos o-tras cla-ses des-pués.

   —¿Qué o-tras cla-ses tie-nen us-te-des?

   —Cre-o que to-dos te-ne-mos u-na cla-se de in-glés, ¿no?

6. (minidiálogo) —¿Por qué no es-tu-dias á-ra-be?

   —¿¿Por qué no es-tu-dio á-ra-be?? ¡Qué pre-gun-ta más ton-ta!

   No hay cla-ses de á-ra-be a-quí.

7. (minidiálogo) —¿A-dón-de va-mos pa-ra el fin de se-ma-na?

—No sé.

—¿Qué tal te pa-re-ce el Par-que Na-cio-nal Bryce?

—E-se par-que es-tá al sur del es-ta-do de U-tah, ¿ver-dad?

—A-sí es.

—¿Vá-mos lo más tem-pra-no po-si-ble es-te vier-nes?

—¡Có-mo no!

—Nos di-ver-ti-re-mos mu-cho. ¿No te pa-re-ce?

—¿Di-jis-te que í-ba-mos al Par-que Yo-sé-mi-te?

—No, di-je que í-ba-mos al Par-que *Bryce.*

—Pri-me-ro, te-ne-mos que po-ner las ma-le-tas, es-teee...

Aplicaciones

A. Análisis de los rasgos suprasegmentales. Busque a alguna persona de habla española y pídale que comente algún tema que le pudiera causar un poco de emoción. (No le digas el propósito verdadero de la tarea.) Si vino a Estados Unidos de otro país, se le podría preguntar, por ejemplo, cuál fue el aspecto más difícil de esta cultura al que tuvo que acostumbrarse. O se le podría preguntar si le parecía que los norteamericanos eran fríos, o si se sintió aislado/a de los demás al llegar aquí. Si le da a Ud. su permiso, grabe sus comentarios. Como alternativa, podría usar una de las grabaciones en el CD de este texto. Luego, haga un análisis de los rasgos suprasegmentales del habla de la persona y dé ejemplos de cada uno de los siguientes aspectos que Ud. haya notado.

1. Volumen (¿Varía? ¿Es constante? ¿Alto o bajo?)

_____

_____

_____

2. Prolongación de sílabas (¿En qué contextos ocurre?)

_____

_____

_____

3. Variaciones en cuanto a la subida y bajada de los tonos (¿Ocurre por el enfoque estrecho, el énfasis o la emoción, o la falta de éstos?)

_____

_____

_____

_____

B. La entonación del español en una conversación. Con otro/a estudiante, hablen Uds. de lo que les hayan dicho las personas de habla española en la **Aplicación A** o comenten algún tema similar. Su enfoque serán los rasgos suprasegmentales. Traten de usar el sistema de tonos y el ritmo apropiados, según el contexto de la conversación.

Repaso

Unidad 4
Capítulos 11–12

Prepare las respuestas a las siguientes preguntas o dé ejemplos, según el caso, en una hoja de papel aparte. Luego, compare sus respuestas con las de otros estudiantes.

1. Explique la diferencia entre los segmentos y los rasgos suprasegmentales. ¿Cuáles son los rasgos suprasegmentales específicos?
2. En términos generales, explique la diferencia entre el ritmo del español y el del inglés. ¿Qué importancia tienen las sílabas tónicas (y las semitónicas del inglés) en el ritmo de cada lengua?
3. Explique dónde y en qué circunstancias típicamente ocurre la prolongación en muchos dialectos del español. Dé un ejemplo concreto original.
4. En qué circunstancias varía bastante el volumen en el habla? ¿Bajo qué circunstancias hay una tendencia de usar más volumen? ¿Menos volumen? ¿Qué diferencias socioculturales hay en cuanto al uso del volumen, pensando en el inglés y el español?
5. Explique lo que quiere decir el término **entonación**.
6. Explique cómo varía el tono típicamente con respecto a las sílabas tónicas y átonas. Dé unos ejemplos originales para ilustrar.
7. Explique cómo varía el tono al final de diferentes tipos de emisiones. ¿En qué circunstancias sube, baja o queda en el mismo nivel el tono final? Dé unos ejemplos originales para ilustrar.
8. ¿Cuál es su opinión personal del llamado *uptalk*? ¿Cree que tiene alguna utilidad, o es más bien un fenómeno molesto?

Unidad 5
Las consonantes

CAPÍTULO 13

Las consonantes: lugares de articulación

Rasgos generales de las consonantes

Una consonante es un sonido que se produce cuando el aire pasa por la cavidad oral con alguna obstrucción o fricción audible, o por la cavidad nasal. El aire pasa por la cavidad oral también en el caso de las vocales, pero no hay obstrucción o fricción audible. Para poder entender cómo se producen los sonidos consonánticos y para describirlos, es necesario aprender tres rasgos de ellos:

- el lugar de articulación
- el modo de articulación
- la sonoridad o la falta de ella

Lugares de articulación

En el presente capítulo el enfoque estará en el primer rasgo de los tres de arriba: **el lugar de articulación**. (El modo de articulación y la sonoridad serán los temas del **Capítulo 14**.) Aquí se presentarán los varios órganos de articulación y dónde se encuentran. El dibujo abajo enumera estos lugares de articulación.

1. la cavidad nasal
2. la cavidad oral/bucal
3. los labios (la región labial)
4. los dientes (la región dental)
5. los alvéolos (la región alveolar)
6. la región alveopalatal
7. el paladar (la región palatal)
8. el velo (la región velar)
9. la úvula (la región uvular)
10. el ápice de la lengua
11. el predorso de la lengua
12. el dorso de la lengua
13. el postdorso de la lengua
14. la epiglotis
15. la laringe
16. las cuerdas vocales

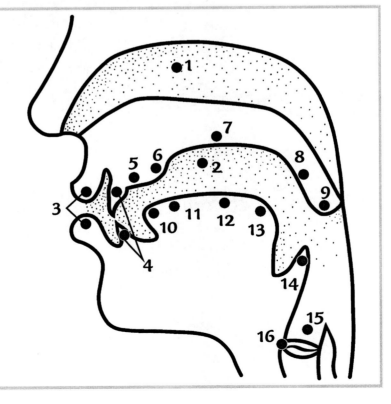

Una vez que se haya aprendido dónde se encuentran los varios órganos y puntos articulatorios, se puede identificar el lugar de articulación de cada consonante.

- El sonido [b] de *burro*, por ejemplo, se articula por medio de una interrupción total del aire por una oclusión de los dos labios. Por lo tanto, [b] es una consonante **bilabial**.
- El sonido [f] de *fama*, en cambio, se crea mediante una fricción producida por el labio inferior y los dientes superiores; [f], entonces es un sonido **labiodental**.
- La consonante [t] de *tal* es un sonido **dental** porque el predorso de la lengua está contra los dientes superiores durante la producción de este sonido.
- La consonante [n] de *nada* es **alveolar** porque el predorso de la lengua está contra los alvéolos.
- El sonido [ʧ] de *churro* es **alveopalatal** porque se produce en la región entre los alvéolos y el paladar.
- El sonido [ɲ] de *año*, en cambio, se produce cuando el dorso de la lengua toca el paladar; esta consonante nasal es, por lo tanto, un sonido **palatal**.
- La consonante [k] de *casa* es un sonido **velar** porque el postdorso de la lengua toca el velo en la articulación de esta consonante.

Para resumir, los siguientes son los diferentes lugares de articulación con otros ejemplos, en que la consonante inicia la palabra.

- bilabial   *v*ega
- labiodental   *f*uego
- dental   *d*roga
- alveolar   *l*ino
- alveopalatal   *ch*ino
- palatal   *ll*ano
- velar   *g*ato

Práctica

A. Identificación de los órganos y lugares de articulación. Identifique los lugares de articulación según los números en el siguiente dibujo escribiendo el lugar apropiado.

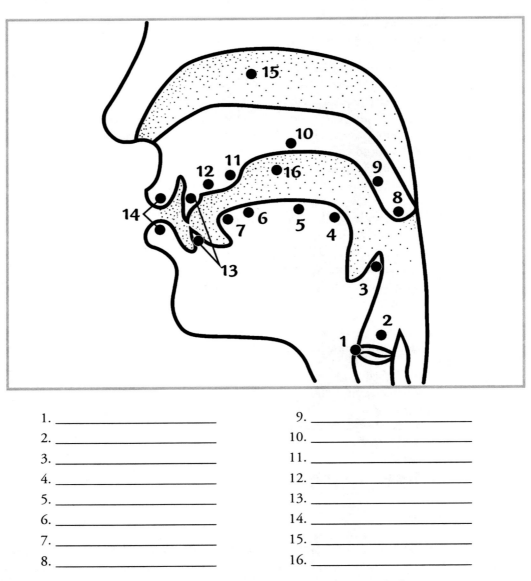

1. _____	9. _____
2. _____	10. _____
3. _____	11. _____
4. _____	12. _____
5. _____	13. _____
6. _____	14. _____
7. _____	15. _____
8. _____	16. _____

B. Lugares de articulación. Mediante la introspección (pronunciando las consonantes indicadas y analizando dónde se producen), trate de determinar los lugares de articulación de varios sonidos del español y a veces del inglés. A la izquierda de cada número, escriba la letra que corresponde al lugar de articulación apropiado. Luego compare sus respuestas con las de algunos compañeros de clase.

_____ 1. [v] de *v*ery (del inglés)   a. bilabial

_____ 2. [g] de *g*ato   b. labiodental

_____ 3. [l] de *l*ado   c. dental

_____ 4. [p] de *p*an   d. alveolar

_____ 5. [m] de *m*asa   e. alveopalatal

_____ 6. [d] de *d*oña   f. palatal

_____ 7. [ʃ] o [ʒ] de *y*o (Argentina)   g. velar

___ 8. [ʎ] de *ll*amo (Bolivia)

___ 9. [θ] de *c*ine (España)

___10. [s] de *s*ol

___11. [x] de *j*ota

___12. [ʤ] de *J*im (del inglés)

Aplicación

Análisis de los lugares de articulación y la onomatopeya en "Los maderos de San Juan". Haga las actividades que siguen sobre el poema de Silva.

    1. Analice el lugar de articulación de cada consonante que está en negrilla en el poema. Luego, escriba el lugar de articulación en los espacios en blanco a la derecha del poema.

Las maderos de San Juan (fragmento)

... Y a**s**errín	<s>: alveolar _____ _____
a**s**errán,	
los **m**a**d**eros	_____ _____ _____
de San **J**uan	_____
piden **q**ueso	_____ _____
piden pan, los de Roque,	
A**lf**andoque; los de Rique,	_____ _____
Alfe**ñ**ique;	_____
los de **T**rique,	_____
Triquitrán	
¡Triqui, triqui, triqui, tran!	
¡Triqui, triqui, triqui, tran!	

    2. **Onomatopeya** es el término que se aplica a las palabras cuyos sonidos sugieren el significado de la palabra misma, como en el caso de *tic tac* o *miau*. Sin emplear terminología técnica, note qué características fonéticas parecen ser importantes para crear el efecto onomatopéyico deseado en el poema y a qué actividad de los maderos se aplica.

Capítulo 14

Las consonantes: modos de articulación y la sonoridad

Modos de articulación

Como se ha visto en el **Capítulo 13**, hay típicamente más de una consonante que se produce en cada uno de los lugares de articulación. Sin embargo, éstas se producen de una manera distinta, a pesar de que el lugar puede ser el mismo. Por lo tanto, es necesario distinguir entre los varios **modos de articulación** para poder hacer descripciones fonéticas más precisas de las consonantes. Las consonantes, según los varios modos de articulación que se emplean en español, son:

- las **oclusivas**
- las **fricativas**
- las **africadas**
- las **nasales**
- las **vibrantes**
- las **laterales**
- las **aproximantes**

Las oclusivas

Las oclusivas son las consonantes más fuertes; se producen mediante una **oclusión** (interrupción) total seguida por una pequeña explosión de aire. Por ejemplo, [b] de *un vaso* es una oclusiva bilabial, ya que se cierran totalmente los dos labios antes de que haya una expulsión del aire. En español, [t] de *tío* es una oclusiva dental, pero es una oclusiva alveolar en la palabra inglesa *tip*.

Las fricativas

Las fricativas son las consonantes en las que no hay una oclusión total; en cambio, habrá una fricción audible en la cavidad oral. Así que [f] de *feo* es fricativa labiodental mientras que [s] de *sol* es una fricativa alveolar.

Las africadas

Las africadas son una combinación de una oclusiva y una fricativa; es decir, hay una oclusión seguida por una fricción audible. Por ejemplo, [ʧ] de *chico* es una africada alveopalatal y es la única africada en algunos dialectos regionales del español.

Las nasales

Las nasales son únicas entre los sonidos consonánticos porque el aire no pasa por la cavidad oral, sino por la cavidad nasal. Para lograr esto, el velo del paladar baja y permite que el aire entre en la cavidad nasal. La consonante [n] de *nada* es una nasal alveolar; [ɲ] de *ñapa* es una nasal palatal.

Las vibrantes

Las vibrantes son consonantes que se producen mediante una vibración de la lengua contra los alvéolos. Hay dos tipos de vibrante en español: la **vibrante simple** [ɾ] de *coro* y la **vibrante múltiple** [r] de *corro*.

Las laterales

Las laterales son consonantes que se producen dejando pasar el aire por un lado o por los dos lados de la lengua. De ahí viene el término **lateral**. La consonante [l] de *lado* es una lateral alveolar. (Algunos dialectos del español tienen otra lateral, como ser verá en capítulos futuros.)

Las aproximantes

Las aproximantes son consonantes cuya obstrucción en la cavidad oral o con los labios no llega a ser tan audible como en el caso de las consonantes fricativas. Es decir que aunque hay cierta restricción del aire, tal restricción no llega a ser al grado en que habría una fricción que se pudiera percibir. Por ejemplo, en algunos dialectos del español el primer sonido de *yerno* puede pronunciarse como aproximante —[j] [jér.no] (semiconsonante en este caso)— mientras que en otros dialectos o estilos puede llegar a ser una consonante fricativa —[ʝ] [ʝér.no]. Hay algunas otras consonantes que a veces se articulan como fricativas y otras veces como aproximantes, como se verá en el **Capítulo 17.**

Práctica

A. Modo de articulación. Analice la manera en que se articula cada consonante de la lista de abajo y escriba la letra que corresponde al modo de articulación apropiado.

_____ 1. [d] de *donde*   a. oclusiva

_____ 2. [f] de *feo*   b. fricativa

_____ 3. [k] de *casa*   c. africada

_____ 4. [l] de *limón*   d. nasal

_____ 5. [m] de *milpa*   e. vibrante

_____ 6. [ʧ] de *chiste*   f. lateral

_____ 7. [p] de *pito*   g. aproximante

_____ 8. [r] de *perro*

_____ 9. [x] de *jamón*

_____10. [w] de *huevo*

B. Modo y lugar de articulación. Indique el modo de articulación y el lugar de articulación siempre en ese orden para todas las consonantes en negrilla.

Ejemplo: taco   <u>oclusiva dental</u>, <u>oclusiva velar</u>

1. **don**   _____ _____, _____ _____

2. **milpa**   _____ _____, _____ _____,

                      _____ _____

3. **chorro**   _____ _____, _____ _____

4. **soja**   _____ _____, _____ _____

5. **baño**   _____ _____, _____ _____

6. **gurú**   _____ _____, _____ _____

7. **cierto**   _____ _____, _____ _____

8. **roca**   _____ _____, _____ _____

9. **zoológico**   _____ _____, _____ _____,

                      _____ _____

10. **Voy.**   _____ _____

11. **fiel**   _____ _____

Las consonantes sonoras y sordas

Aunque ahora podemos distinguir bastante bien entre la mayoría de las consonantes mediante el análisis del modo y del lugar de articulación, todavía falta un rasgo importante que hará posible la distinción entre *todas* las consonantes del español. Por ejemplo, en los casos [z] de [míz.mo] y [s] de [is.tó.rja], hasta el momento se trata de la misma descripción fonética: fricativa alveolar. ¿Cuál será la diferencia entre estos dos sonidos entonces? La distinción es una de **sonoridad** y la falta de ella. Para articular el sonido [z] es necesario que vibren las cuerdas vocales. Se dice, entonces, que [z] es una consonante **sonora**. En cambio, para pronunciar el sonido [s], las cuerdas vocales *no* vibran; [s], entonces, es una consonante **sorda**. Se puede probar este hecho fácilmente colocando los dedos de la mano en la garganta, cerca a la región donde se encuentran las cuerdas vocales. Luego, articulando las dos consonantes de una manera extendida —[sssss] y [zzzzzz] — se puede sentir fácilmente las vibraciones para [z] y la falta de ellas en el caso de [s].

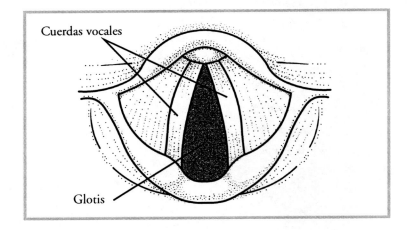

Práctica

C. Consonantes sonoras y sordas. Explique la diferencia entre los siguientes pares de consonantes, según la sonoridad. ¿Cuál es la sonora y cuál es la sorda en cada par?

1. [k] de *casa* y [g] de *gurú*

sonora: _____   sorda: _____

2. [d] de *donde* y [t] de *tío*

sonora: _____   sorda: _____

3. [f] of *father* and [v] of *vile*

sonora: _____   sorda: _____

4. [θ] de *ceniza* (España) y [ð] de *hada*

sonora: _____   sorda: _____

5. [x] de *ajo* y [ɣ] de *agua*

sonora: _____   sorda: _____

D. Descripciones fonéticas completas de las consonantes. Haga una descripción fonética completa de las consonantes *subrayadas,* indicando 1) la manera de articulación, 2) el lugar de articulación y 3) la sonoridad o la falta de ella. Incluya también los símbolos fonéticos que Ud. ya sabe.

Ejemplo: pito   <p>: oclusiva, bilabial, sorda (¡en este orden!)

1. terremoto

<t>: _____

<rr>: _____

<m>: _____

2. chileno

<ch>: _____

<l>: _____

<n>: _____

3. furor

<f>: _____

<r>: _____

4. Jalisco

<j>: _____

<s>: _____

<c>: _____

5. daño

<d>: _____

<ñ>: _____

6. papá

<p>: _____

7. víbora

<v>: _____

Aplicación

Onomatopeya. La siguiente lista consta de pares de palabras en español e inglés con significados similares (¡no exactas necesariamente!) que podrían ser onomatopéyicas. Con un/a compañero/a de clase, comente lo siguiente.

1. ¿Creen Uds. que cada palabra en los dos idiomas es onomatopéyica? (De ser necesario, busquen el significado de las palabras en un diccionario.)
2. Desde la perspectiva de los lugares y los modos de articulación, y de la sonoridad (o falta de ella) de las consonantes, expliquen cómo las consonantes y algunas vocales de las palabras producen el efecto onomatopéyico. Por ejemplo, en el poema de Silva, "Los maderos de San Juan", la alternancia entre el sonido fricativo [s] y el vibrante múltiple [r] de *aserrín, aserrán* producía la impresión de la fricción y la vibración de las sierras de los maderos. (En el caso de *gárgaras* en la lista de abajo, ¿qué relación tienen los rasgos fonéticos y las <g>s de *gárgaras* con la actividad de hacer gárgaras?)

español	_inglés_	_observaciones_
a. gárgaras	*gargle*	
b. susurrar	*whisper*	
c. escupir	*spit*	
d. arrullar	*lull*	
e. hipar	*hiccup*	
f. estornudar	*sneeze*	
g. choque	*crash*	
h. frufrú	*swish*	
i. titubear	*totter*	
j. tartamudear	*stutter*	
k. silbar	*whistle*	

l. gruñir   *growl*   _____

_____

m. ñoñería   *whining*   _____

_____

n. aserrín   *seesaw*   _____

_____

ñ. crujir   *crunch*   _____

_____

o. chorro   *splash*   _____

_____

p. ¿Otras?   _____

_____

Repaso

Unidad 5
Capítulos 13–14

En una hoja aparte, conteste, comente y/o dé ejemplos, según las instrucciones.

1. Haga un dibujo de los órganos de articulación e indique en el dibujo dónde se encuentra cada órgano y cada lugar de articulación. Luego, dé un símbolo fonético para representar una de las consonantes que corresponda a cada lugar de articulación.

2. Pensando en los varios lugares de articulación, indique qué parte de la lengua se emplea para articular cada categoría de sonidos. Dé ejemplos específicos de consonantes que requieren el predorso, el dorso y el postdorso de la lengua. (No se ha dado hasta el momento ningún caso que requiera el uso del ápice de la lengua. ¿Se le ocurre alguno?)

3. Trate de hacer una lista de todos los modos de articulación sin consultar el **Capítulo 14**. Explique las diferencias entre cada modo de articulación y dé ejemplos específicos de consonantes que correspondan a cada modo de articulación.

4. Explique la diferencia entre una consonante sorda y una sonora. Dé dos o tres ejemplos de *pares* de consonantes cuyo único contraste tenga que ver con la sonoridad para la una y la falta de ella para la otra.

5. Haga una descripción fonética completa de las consonantes que Ud. citó en los números 1–4.

Unidad 6
La fonología segmental

CAPÍTULO 15

Introducción a la fonología segmental: el fonema y sus alófonos

El sistema fonológico de un idioma

Para comprender verdaderamente el sistema fonológico de un idioma, es imprescindible adquirir un conocimiento del concepto del fonema. Se podría identificar y hacer una descripción fonética de todos los sonidos de un idioma sin comprender nada de la fonología y de los fonemas del idioma, pero tampoco se entendería nada de cómo funciona el *sistema* en que se emplean dichos sonidos. La **fonología**, entonces, es el estudio del sistema de sonidos de un idioma.

El fonema

El fonema es una representación abstracta de un sonido que tiene **valor contrastivo** con todos los demás fonemas del idioma. Es decir, que si se cambia de un fonema a otro fonema dentro de una palabra, se puede alterar así el significado de la palabra. Para probar este valor contrastivo se busca un **par mínimo**: un par de palabras en que hay un solo sonido que las diferencia. Por ejemplo, *pan* y *van* son un par mínimo porque el contraste entre /p/ y /b/ es el único rasgo que los distingue. Por lo tanto, podemos decir que /p/ y /b/ son fonemas distintos, o sea, sonidos que tienen valor contrastivo. Para indicar que no son simplemente sonidos diferentes, sino también fonemas, usamos **diagonales** / / en vez de **corchetes** [ ]. El fonema /p/ es una representación abstracta de la consonante oclusiva, bilabial, sorda; el fonema /b/ representa una consonante oclusiva, bilabial, sonora (aunque también tiene otra variante, o **alófono**, como se verá en el **Capítulo 17.**) Se puede ver que el único rasgo diferenciador entre los dos sonidos es la sonoridad: la vibración de las cuerdas vocales o la falta de ella. Esta diferencia es suficiente en este caso, sin embargo, para cambiar el significado de una palabra (*pan* a *van*).

El alófono

Aparentemente similar al último ejemplo, la única diferencia entre la consonante [s] de *sol* y la consonante [z] de *mismo* es precisamente la sonoridad. En estas palabras [s] es fricativa, alveolar, sorda mientras que [z] es fricativa, alveolar, sonora. Sin embargo, en este caso no hay valor contrastivo porque es imposible encontrar un par mínimo como [su] y *[zu] en español. En inglés, en cambio, hay una buena cantidad de pares mínimos como *Sue* y *zoo*. Debido a este hecho, llegamos a la conclusión de que en inglés estos dos sonidos son fonemas distintos, pero en español son simplemente variantes, o **alófonos**, del mismo fonema. En español, en otras palabras, si se usa el uno donde se debe usar el otro, sólo resulta la mala pronunciación y *no* una palabra distinta como sucede en inglés. Los dos sistemas fonológicos, entonces, se pueden representar así (si se refiere a /s/ y /z/ iniciales de palabra del inglés):

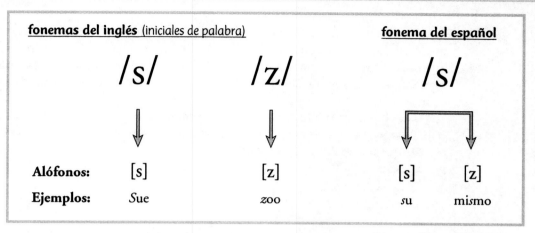

fonemas del inglés (iniciales de palabra)		fonema del español	
/s/	/z/	/s/	
↓	↓	↓	↓
Alófonos: [s]	[z]	[s]	[z]
Ejemplos: *S*ue	*z*oo	*s*u	mi*s*mo

Otro buen ejemplo de un contraste entre los dos idiomas lo provee el fonema oclusivo, bilabial, sordo /p/. En este caso el fonema español tiene sólo un alófono: [p]. El inglés tiene por lo menos tres alófonos distintos para este fonema: [pʰ], el alófono aspirado de *pot* (sale mucho aire); [p], el alófono sin aspiración de *spot* y similar al sonido [p] del español (es decir, que no se escapa mucho aire después de la oclusión); [p˺] el alófono al final de *stop* en que *a veces* no se deja escapar *ningún* aire (es decir, que sólo hay una oclusión y nada más después). No hay valor contrastivo entre estos tres sonidos; se emplean simplemente según su posición dentro de las palabras. En contraste con el sistema del inglés, en el tailandés los sonidos /p/ y /pʰ/ son fonemas distintos (con valor contrastivo): [pʰáa] *'partir'* es una palabra y [páa] *'selva'* es otra (ejemplo de Barrutia y Schwegler, página 99). Los tres sistemas fonológicos, entonces, se pueden representar así:

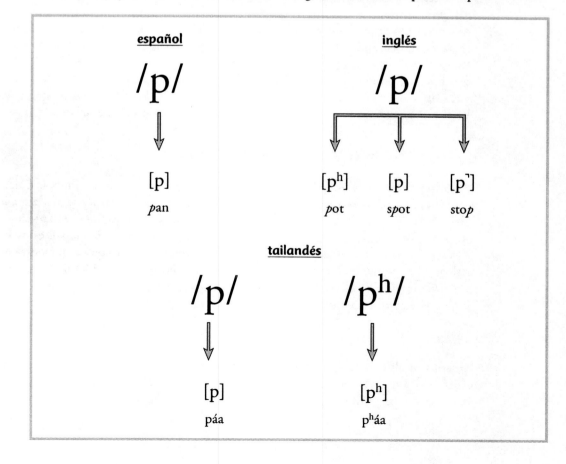

En otras palabras, en inglés la diferencia entre los tres sonidos es sólo **fonética**, mientras que entre los dos sonidos del tailandés el contraste es **fonémico**. En inglés las diferencias son redundantes porque los tres sonidos no se usan para crear palabras con significados distintos; únicamente resultaría una mala pronunciación si se usara el alófono equivocado.

Hasta el momento sólo se han ofrecido ejemplos en español en que el fonema tiene un solo alófono. Veremos en capítulos futuros que hay también fonemas consonánticos en español que tienen dos, cuatro y hasta siete alófonos. Baste por el momento un sólo ejemplo en español:

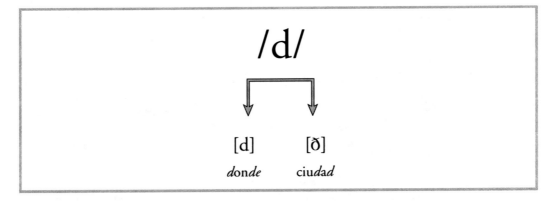

Es importante notar que, para la mayoría de los hispanoparlantes, tales contrastes son puramente inconscientes. Muchos ni se dan cuenta de que hay una diferencia entre [d] y [ð], porque son manifestaciones del mismo fonema. Se puede concluir, entonces, que los fonemas forman una especie de "alfabeto" psicológico o cognoscitivo. El angloparlante sí se da cuenta de un contraste similar *en su propio idioma,* porque hay sonidos similares a los del español en ese idioma, pero que son fonemas distintos: /d/, *die;* /ð/, ***thy****.* (Observe que hay una diferencia ortográfica además en inglés, tal como en el caso de *Sue* y *zoo*). Sin embargo, en el caso de los tres alófonos en inglés del fonema [p], el mismo angloparlante típicamente ni se da cuenta de que está produciendo más de un sólo sonido.

El contraste entre la fonética y la fonología

La fonética entonces se enfoca, por ejemplo, en el hecho de que el español tiene dos sonidos consonánticos distintos: [d] y [ð], y describe estas diferencias según la manera de articular cada uno. El primero es oclusivo, mientras que el segundo es aproximante o fricativo. Pero es el estudio de la fonología que nos aclara *cómo* funcionan estos sonidos dentro del sistema fonológico del español. Se aprende que donde se encuentra el uno, hablando de los ambientes fonéticos, normalmente no se encuentra el otro. Es decir que los alófonos [d] y [ð] están en **distribución complementaria** en español, pero no en inglés, puesto que en este idioma son fonemas distintos.

Práctica

A. Fonemas y alófonos: buscando pares mínimos. Trate de determinar si los siguientes pares de sonidos son fonemas o simplemente alófonos del mismo fonema. Busque por lo menos un par mínimo para apoyar su conclusión siempre que sea posible.

Ejemplos: [k] de *casa* y [g] de *gota*.
Son fonemas distintos: /k/ y /g/. Par mínimo: casa/gasa

[d] de *don* y [ð] de *hada*
Son alófonos del mismo fonema /d/. No hay par mínimo.

1. [g] de *gota* y [x] de *gente*

_____

2. [n] de *ten* y [ŋ] de *tengo*

_____

3. (en España) [s] de *sol* y [θ] de *cita*

_____

4. [ɾ] de *toro* y [r] de *tierra*

_____

5. [f] de *fama* y [b] de *van*

_____

6. [b] de *burro* y [β] de *aburro*

_____

7. [g] de *gota* y [ɣ] de *agota*

_____

8. [s] de *sol* y [ks] de *examen*

_____

9. (en dialectos españoles y andinos) [j] de *yeso* y [ʎ] de *llama*
(Ojo: Una *aproximación* a la consonante [ʎ] en el inglés se observa en la combinación <ll‿y> de *She'll kill ya*, o <lli> en la palabra inglesa *million*.)

_____

10. [n] de *mano* y [ɲ] de *moño*

_____

11. [s] de *sol* y [z] de *chisme*

_____

12. [w] de *huele* y [u̯] de *Europa*

_____

13. (en inglés) [b] de *base* y [v] de *very*

_____

B. Análisis del morfema <s> para sustantivos pluralizados y <s> para indicar tercera persona singular de los verbos. Analice la articulación de la <s> final de las siguientes palabras del inglés. Indique qué alófonos de /s/ se observan y explique la causa de esta alternancia. (Clave: Siempre tiene que ver con una característica del sonido anterior.)

sustantivos	_verbos_
cats	walks
dogs	drags
horses	alters
bibs	hiccoughs
sofas	sees
hoops	hisses
hooks	hits
coaches	swishes
loaves	loafs

Alófonos y análisis: _____

_____

_____

_____

_____

_____

Aplicación

Análisis de errores de pronunciación. Analice las siguientes situaciones y dé una explicación fonológica por el problema.

1. Un estudiante principiante del español oye la palabra *pan*, pero cuando escribe la palabra, sale *ban*. Considere el contraste entre los alófonos [p] del español y el /pʰ/ del inglés. ¿Cuál será más similar al alófono [b] de /b/ del inglés?

_____

_____

2. Un hispanoparlante que ha llegado recientemente a Estados Unidos se espanta ante el sistema vocálico del inglés, por lo cual dice, *"I'm having trouble with my bowels here."*

_____

_____

3. Un angloparlante convierte una <s> en posición final de palabra (y después de una vocal) en [z], en vez de usar el alófono apropiado [s]. Por ejemplo, para *sofás* dice *[so.fáz] y para *lunes* dice *[lú.nez]. Haga un análisis contrastivo entre el español y el inglés para explicar este fenómeno.

_____

_____

4. Una latinoamericana, quien está hablando de su novio, le dice a una amiga norteamericana, *"I love hin."* Explique por qué usa [n] en vez de [m] en la última palabra.

_____

_____

CAPÍTULO 16

Los fonemas oclusivos sordos /p, t, k/

Las consonantes oclusivas del español

Los sonidos **oclusivos** son las consonantes que, para articularlas, se requiere una interrupción total del aire dentro de la cavidad oral, seguida por grados variables de **aspiración** mediante la cual sale aire de la boca.

En el español hay normalmente seis fonemas que tienen alófonos oclusivos: /p, t, k, b, d, g/. Los primeros tres son sordos; los últimos tres son sonoros. Los fonemas /p/ y /b/ son bilabiales, /t/ y /d/ son dentales, y /k/ y/ g/ son velares. El presente capítulo se centra en los oclusivos sordos /p, t, k/.

Las consonantes oclusivas sordas

En español el sistema de los fonemas oclusivos sordos es bastante sencillo, puesto que cada fonema tiene un solo alófono.

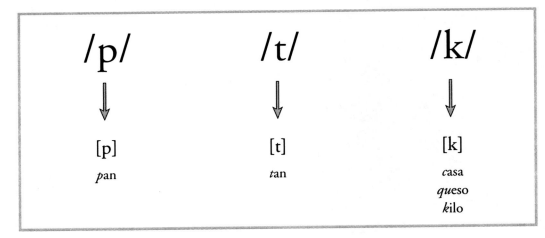

/p/	/t/	/k/
↓	↓	↓
[p]	[t]	[k]
*p*an	*t*an	*c*asa
		*qu*eso
		*k*ilo

Práctica

A. Descripciones fonéticas de [p, t, k]. Haga una descripción fonética de los siguientes tres alófonos. (Conviene recordar que se indican los rasgos en este orden: modo, lugar de articulación y sonoridad.)

    1. [p]   _____ _____ _____

    2. [k]   _____ _____ _____

    3. [t]   _____ _____ _____

El contraste entre el sonido [t] del español y el del inglés

Una de las dificultades más grandes para el angloparlante tiene que ver con la articulación dental de la consonante [t] (y la [d] también). Estos dos sonidos son alveolares en la mayoría de los dialectos del inglés y el angloparlante a menudo demuestra la tendencia a articularlos así en el español. Al pronunciar estas consonantes dentales, la lengua debe encontrarse firmemente apoyada contra los dientes superiores.

Práctica

B. Práctica de la articulación dental del fonema /t/. Pronuncie las siguientes palabras y oraciones, empleando siempre una articulación dental para /t/ (y para /d/, también).

1. dental
2. tolteca
3. tender
4. tutear
5. triquitrán
6. dientes
7. tu tío Timoteo
8. tú tienes todo
9. total
10. tres tristes tigres
11. triunfante
12. trigonometría
13. tijeras
14. Tomás Tenorio
15. Santiago
16. El tenor canta la cantata.
17. contrincante
18. una tía difunta
19. treinta tentaciones
20. el turista en Toledo
21. titubeando
22. un día típico
23. tú tuteas a todos
24. un tostado caliente

La articulación sin aspiración de los oclusivos sordos

Otra dificultad muy común es la tendencia por parte del angloparlante a emplear una articulación **aspirada** para los sonidos /p, t, k/, ya que esto se hace comúnmente en inglés. El sistema en muchos dialectos del inglés es el siguiente.

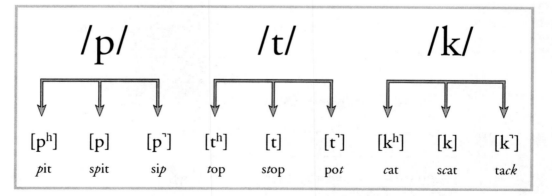

En cada grupo de los tres alófonos, el primero es aspirado (sale mucho aire), el segundo es poco aspirado y el tercero ocurre sin escape alguno de aire (*unreleased*). Este último no presenta ningún problema para el angloparlante en español, ya que no existen palabras (fuera de la posibilidad de unos cuantos vocablos extranjeros) que terminen en un oclusivo. Como se puede observar en los ejemplos anteriores, es el oclusivo inicial de sílaba en inglés el que tiene la aspiración fuerte. Como estos sonidos aspirados no existen en español, se debe evitarlos siempre y emplear el segundo alófono de cada fonema (el que se usa en inglés cuando no es inicial de sílaba) en cualquier ambiente fonético en español. Para los anglohablantes, entonces, la pronunciación correcta de los oclusivos de *pipa* serán más difíciles que el de *espuela,* los de *título* serán más difíciles que el de *estilo* y los de *cacofonía* serán más difíciles que el de *escuela.*

Práctica

C. Articulación de los oclusivos sordos sin aspiración. Con unos compañeros de clase, pronuncien las siguientes palabras, evitando siempre la aspiración de los oclusivos.

1. pito	10. atrapar	19. patito
2. pipa	11. tendencia	20. escupo
3. pasta	12. tobillo	21. estampilla
4. pata	13. atacó	22. explicar
5. Pedro	14. santo	23. cucú
6. cupo	15. tanto	24. pimienta
7. papa	16. tonto	25. cacahuates
8. titubear	17. cabra	26. títeres
9. Teodoro	18. cocaína	27. poquito

D. Práctica de pronunciación y transcripciones fonéticas. Primero, lea las siguientes oraciones en voz alta, poniendo mucha atención en la articulación apropiada de los oclusivos sordos. Luego, transcríbalas, usando todos los símbolos fonéticos que se han aprendido.

Ejemplo: Tú prefieres pan con mantequilla.
[tu.pre.fjé.res.pán.kon.man.te.kí.ja]

1. Don Diego es de Toledo, pero trabaja en Tijuana.

_____

_____

2. Todo el día Timoteo toca el trombón que trajo de Santiago.

_____

_____

3. Pedro Pérez pone pimienta picosa en el puré de patatas.

_____

_____

4. No puedes quitar ese pedacito de papel precipitadamente del pupitre de Pepita sin advertirle primero.

_____

_____

5. Un cacahuete caliente cayó de la caja que cargaba Catarina.

_____

_____

6. Los caciques y los caudillos de este país han permitido cosechas de coca aquí.

_____

_____

7. Los toltecas eran habitantes precolombinos de México, acerca de quienes aprendemos en los cursos de arqueología.

_____

_____

8. Los cohetes Patriotas entregados a los militares israelíes tuvieron éxito contra los ataques iraquíes.

_____

_____

Aplicaciones

A. Recitación oral de un poema. Este trozo de "Los maderos de San Juan" contiene muchas consonantes oclusivas sordas. Léalo en voz alta, evitando la aspiración de [p, t, k] y prestando atención a la consonante [t] dental.

Los maderos de San Juan (fragmento)

... Y aserrín
aserrán,
los maderos
de San Juan
_p_iden _que_so
_p_iden _p_an; los de Ro_que_,
Alfando_que_; los de Ri_que_,
Alfeñi_que_;
los de _T_rique
_T_riqui_t_rán
¡_T_riqui, _tr_iqui, _tr_iqui, _t_ran!
¡_T_riqui, _tr_iqui, _tr_iqui, _t_ran!

B. Conversación sobre unos lugares del mundo hispánico. En grupos pequeños, usen un mapa de alguna región de habla española para identificar varios lugares (países, ciudades, montañas, lagos, ríos, etc.) que comiencen con los sonidos [p], [t] o [k]. Luego conversen sobre lo que Uds. sepan de los lugares mencionados. ¿Ha habido noticias recientemente acerca de alguno de los lugares? ¿Quisiera visitar (por primera vez o de nuevo) alguno de estos lugares? ¿Por qué sí o por qué no? En su conversación, pronuncien apropiadamente las consonantes oclusivas sordas. Empleen también vocales cortas, puras y enérgicas, evitando siempre la vocal _schwa_.

Capítulo 17

Los fonemas sonoros /b, d, g/

Los alófonos oclusivos y aproximantes/fricativos de /b, d, g/

Los símbolos /b, d, g/ representan tres fonemas sonoros en español, cada uno de los cuales tiene dos alófonos: un oclusivo [b, d, g] y un fricativo [β, ð, ɣ] según los análisis tradicionales. Los estudios más recientes, sin embargo, han demostrado que las variantes fricativas se articulan más típicamente como aproximantes, es decir, sin fricción audible. Esta articulación aproximante/fricativa se encuentra en español con más frecuencia que la oclusiva, debido al hecho de que los ambientes fonéticos en que se encuentran los aproximantes/fricativos ocurren con más frecuencia. Estos tres alófonos aproximantes/fricativos, no obstante, son variantes más recientes (comparándolos con los tres oclusivos correspondientes), los cuales han aparecido a través del tiempo como uno de los procesos mediante los que el latín llega a ser el español al fin y al cabo. Se explicará más sobre este fenómeno en la **Unidad 8.** Los siguientes tres fonemas y sus alófonos correspondientes son, respectivamente, bilabiales, dentales y velares.

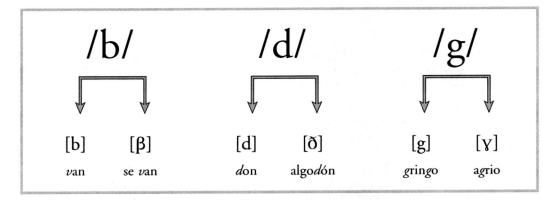

Debido a que los alófonos oclusivos se emplean en menos ambientes fonéticos que los aproximantes/fricativos, la manera más sencilla de explicar el sistema es la de indicar que los alófonos oclusivos de estos tres fonemas se emplean por lo general en las dos circunstancias indicadas abajo, con ejemplos que ilustran los dos ambientes fonéticos claves.

- cuando éstos son el sonido inicial de una emisión, o sea, inmediatamente después de una pausa
- cuando siguen a un sonido nasal, como /m/ y /n/

    a. *Van Beto y Elena.*   [bam.bé.to.je.lé.na]
    b. *¿Dónde estamos?*   [dón̪.des.tá.mos]
    c. *Guillermo está en Galicia*   [gi.jér.mo‿es.tá‿eŋ.ga.lí.sja]

En casi cualquier otro ambiente fonético, se emplearán típicamente las variantes aproximantes/fricativas, como en los siguientes ejemplos:

	a*bo*ga*do*	[a.βo.ɣá.ðo]
	Es *b*ueno.	[es.βwé.no]
	ar*de*	[ár.ðe]
	una *d*ro*g*a	[u.na.ðró.ɣa]
	al*g*o	[ál.ɣo]
	el *g*ato	[el.ɣá.to]
pero:	un *g*ato	[uŋ.gá.to]

La excepción más común a estas reglas para los alófonos oclusivos y aproximantes/fricativos tiene que ver con la combinación /ld/, dentro de la cual se suele emplear la variante oclusiva.

al*d*ea	[al̪.dé.a]
el *d*ía	[el̪.dí.a]

Se debería mencionar aquí que hay bastante variación dialectal en cuanto a la distribución de los alófonos de estos tres fonemas. Aquí se ha presentado la distribución más típica del mundo hispánico en general.

Práctica

A. Descripciones fonéticas de los alófonos de /b, d, g/. Haga una descripción fonética completa de los siguientes sonidos, y escriba dos palabras y dos oraciones originales que contengan cada sonido. Recuerde el orden: modo, lugar, sonoridad.

1. [b] (descripción:)______________________________
(ejemplos:) ______________________________
____
2. [d] ______________________________
____
____
3. [g] ______________________________
____
____
4. [ɣ] ______________________________
____
____
5. [ð] ______________________________
____
____
6. [β] ______________________________
____
____

B. Práctica oral y transcripciones con el alófono [β]. Transcriba las siguientes palabras y oraciones. Luego en grupos pequeños, practiquen oralmente la pronunciación fricativa del fonema /b/.

1. iba   _____
2. palabra   _____
3. habla   _____
4. trabaja   _____
5. trabajaba   _____
6. ebrio   _____
7. había   _____
8. hebreo   _____
9. hábito   _____
10. el bisté   _____
11. la bota de Victoria   _____
12. el vino del abogado   _____
13. ¡Ya viene la abuela buena!   _____

_____

14. Los bolivianos volaban en avión. _____

_____

15. Las ballenas no bailan.   _____

_____

C. Práctica oral y transcripciones con el alófono [ð]. Transcriba las siguientes palabras y oraciones. Luego, en grupos pequeños practiquen oralmente la pronunciación fricativa del fonema /d/.

1. hada   _____
2. ido   _____
3. hablado   _____
4. pedido   _____
5. pedazo   _____
6. podría   _____
7. ardía   _____
8. alrededor   _____
9. Es de día.   _____
10. una doctora   _____
11. el señor Domínguez   _____
12. un idealista de Dénver   _____
13. los discos de Diego   _____
14. El diablo perdió ese día.   _____
15. Un abogado decente de Damasco me lo dio. _____

_____

D. Práctica oral y transcripciones con el alófono [ɣ]. Transcriba las siguientes palabras y oraciones. Luego, en grupos pequeños, practiquen oralmente la pronunciación fricativa del fonema /g/.

1. hago
2. pagado
3. pagano
4. agrio
5. agua
6. nicaragüense
7. vergüenza
8. abogado
9. Una gota
10. los griegos
11. el gato de Granada
12. el guión más grande
13. Guillermo Guzmán de Galicia
14. Me gritaron los mugrientos.
15. La guía de Guadalajara fue degollada.

E. Práctica oral y transcripciones con /b, d, g/. En las siguientes oraciones, subraye todas las consonantes oclusivas sonoras [b, d, g] y trace un círculo alrededor de cada consonante aproximante/fricativa sonora [β, ð, ɣ]. (No habrá pausas dentro de cada oración, a pesar de la puntuación.) Luego, en grupos pequeños, lean las oraciones en voz alta, *sin pausas* y concentrándose en particular en las variantes fricativas. Finalmente, transcríbalas, incluyendo todos los detalles fonéticos que se han aprendido.

Ejemplo: El aβoɣaðo ðe la India βiβe en Guatemala.
[e.la.βo.ɣá.ðo.ðe.la‿ín.dja.βí.βen.gwa.te.má.la]

1. Mis gatos van al jardín de la iglesia para divertirse andando por las flores.

2. Un gato tuerto vive en Bolivia, cerca de Cochabamba.

3. Don Bosco viene a Grecia para estudiar la civilización antigua.

4. ¿Qué opinan algunos de los ciudadanos de Arabia Saudita sobre los dictadores de aquella parte del mundo?

_____

_____

5. Los ingleses inventaron un buen avión que carga bombas "inteligentes".

_____

_____

6. ¿Tuvieron éxito los Juegos Olímpicos de Invierno de 2002?

_____

_____

Aplicaciones

A. Identificación de alófonos aproximantes/fricativos sonoros y recitación de un poema. El siguiente fragmento viene de "Los maderos de San Juan" de José Asunción Silva y contiene varios alófonos aproximantes/fricativos sonoros así como unos pocos alófonos oclusivos. Trace un círculo alrededor de cada caso de [β, ð, ɣ] y subraye todos los casos de [b, d, g]. Luego practique leyendo el poema hasta que pueda hacerlo sin pausas *innecesarias* dentro de la estrofa. Preséntelo oralmente a un grupo pequeño de estudiantes, y luego diga lo que Ud. cree que es la idea central del trozo. (¿En qué está pensando la Abuela? ¿Cuál es la perspectiva de ella en cuanto a la vida que ella ha experimentado y que el niño ha de experimentar?)

Los maderos de San Juan (fragmento)

Y en las rodillas duras y firmes de la Abuela,

con movimiento rítmico se balancea el niño

y ambos agitados y trémulos están;

la Abuela se sonríe con maternal cariño

mas cruza por su espíritu como un temor extraño

por lo que en lo futuro de angustia y desengaño

los días ignorados del nieto guardarán.

B. Identificación de los alófonos de /b, d, g/ y recitación de un poema. El siguiente fragmento viene de "Canción de otoño en primavera" del gran modernista nicaragüense, Rubén Darío, y contiene varios alófonos fricativos sonoros. Trace un círculo alrededor de cada caso de [β, ð, ɣ] y subraye todos los casos de [b, d, g]. Luego, practique leyendo el poema hasta que pueda hacerlo sin pausas *innecesarias* dentro de cada estrofa. Preséntelo oralmente a un grupo pequeño de estudiantes, y luego diga lo que cree que es la idea central del trozo.

Canción de otoño en primavera (fragmento)

En vano busqué a la princesa
que estaba triste de esperar.
La vida es dura. Amarga y pesa.
¡Ya no hay princesa que cantar!

Mas a pesar del tiempo terco,
mi sed de amor no tiene fin;
con el cabello gris me acerco
a los rosales del jardín…

(Estribillo):

Juventud, divino tesoro,
¡ya te vas para no volver!…
Cuando quiero llorar, no lloro,
y a veces lloro sin querer…

¡Mas es mía el Alba de oro!

CAPÍTULO 18

Los fonemas fricativos sordos /f, θ, s, x/

Los fonemas fricativos sordos de Latinoamérica y de España

En el español latinoamericano, por lo general, hay tres fonemas fricativos sordos: /f, s, x/, y un cuarto que se encuentra en el español de muchas regiones de España: /θ/.

El fonema /f/

El primero de éstos, /f/, es fricativo, labiodental, sordo y posee un solo alófono: [f]. Ya que es esencialmente igual a su equivalente en inglés, generalmente no le causa ninguna dificultad en particular al anglohablante.

El fonema /s/

El fonema /s/ es fricativo y alveolar. Se recordará que hay tres letras que pueden representar este fonema en Latinoamérica: <s, c, z>. Unos ejemplos son los siguientes:

*s*ol	[sol]
*c*erveza	[ser.βé.sa]
*z*ócalo	[só.ka.lo]

Repasando la regla ortográfica que se aplica aquí, la letra <c> representa este sonido sólo delante de las vocales <i> y <e>, y la letra <z> se usa en lugar de la <c> en cualquier otra posición. Los cambios en la ortografía en palabras como *comience/comienza/comienzo* y *luces/luz* ilustran esta convención.

Práctica

A. **Manifestaciones ortográficas de /s/.** En grupos pequeños, lean en voz alta y luego transcriban las siguientes palabras, notando las variaciones ortográficas del fonema /s/.

1. situación   _____
2. cervezas   _____
3. confianza   _____
4. circunstancias   _____
5. cenizas   _____
6. se suicidó   _____
7. semiconsonantes   _____
8. cocer   _____

9. alcanzar   _____

10. semicírculos   _____

11. coser   _____

12. alcance   _____

13. cirujanos   _____

14. conozco   _____

15. alcanzo   _____

16. zarzuelas   _____

17. Suárez   _____

18. alcanzaste   _____

Los alófonos del fonema /s/

El fonema fricativo alveolar sigue *un* sistema cuando se encuentra en posición inicial de sílaba y *otro* en posición final de sílaba. Cuando es el primer sonido de la sílaba, existe un solo alófono; cuando es el último sonido de una sílaba, hay dos posibles alófonos, como se ve aquí.

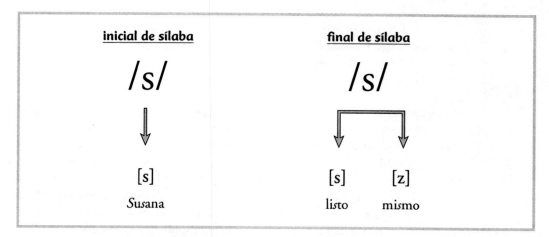

Es importante enfatizar aquí que *no* hay dos fonemas /s/, sino uno sólo; la distinción entre los dos casos de /s/ de los ejemplos tiene que ver sólo con los dos diferentes ambientes fonéticos indicados en que se puede encontrar este fonema. El alófono [z] es fricativo, alveolar, *sonoro*. En posición inicial de sílaba, sería imposible tener un contraste como [sol] y *[zol], o [kó.sa] y *[kó.za] en español. En inglés, en cambio, los sonidos [s] y [z] son fonemas distintos, aunque en ciertos ambientes fonéticos [z] es también simplemente un alófono de /s/.

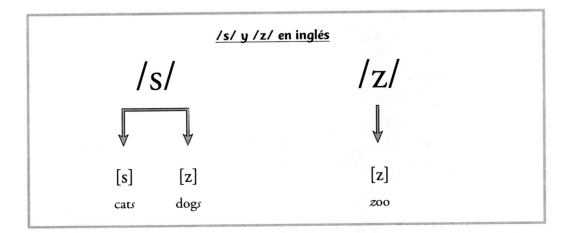

/s/ y /z/ en inglés

/s/ → [s] [z]
   cat*s*   dog*s*

/z/ → [z]
   zoo

Sabemos que /s/ y /z/ son fonemas distintos en inglés porque podemos identificar muchos pares mínimos como *Sue* [suu̯] y *zoo* [zuu̯]; *precedent* [pɹɛ.sə.dənt] y *president* [pɹɛ.zə.dənt]; *price* [pɹai̯s] y *prize* [pɹai̯z]. Sin embargo, como ya se ha indicado, hay casos en inglés en que [z] es simplemente un alófono de /s/. No vamos a analizar el sistema fonológico del inglés en vista de que esto no es el propósito del presente texto, pero vamos a ofrecer unos ejemplos limitados. Se puede comparar *walks* [waks] con *gags* [gægz]; y *parents* [pɛɹ.ənts] con *relatives* [ɹɛl.ə.tɪvz], por ejemplo. En posición final de palabra, después de una consonante sorda como [k] o [t] se usa el alófono sordo [s]. Después de cualquier sonido sonoro como [g] o [v] (o cualquier vocal, como en *sofas,* [so.fəz]), se emplea el alófono sonoro [z]. El inglés demuestra típicamente una **asimilación progresiva**, es decir, que un sonido se asimila a menudo con el sonido que le precede, como se ha visto en los ejemplos anteriores.

El ambiente en el que se usa el alófono [z] en español es bastante diferente. Se emplea cuando le *sigue* cualquier consonante sonora, como, por ejemplo, en *mismo* [míz.mo], pero no en *Mistral* [mis.trál]; en *buenos días* [bwé.noz.ðí.as], pero no en *buenas tardes* [bwé.nas.tár.ðes]. Se puede observar en estos ejemplos que los sonidos del español a menudo experimentan una **asimilación regresiva**, es decir, que un sonido se asimila con el sonido que le sigue. El angloparlante tiene que acostumbrarse a esta forma de asimilación y evitar la tendencia a usar el variante [z] después de una vocal o entre vocales, lo que se hace normalmente en inglés. Por ejemplo, hay que decir [djén.tes] en vez de *[djén.tez], [ká.sas] en vez de *[ká.saz] y [re.sis.tír] en vez de *[re.zis.tír]. Compare la sonorización en la palabra inglesa *resist* [ɹə.zɪst], en que hay un caso de /s/ entre vocales, con la falta de sonorización en *persist* [pɚ.sɪst] y *subsist* [sʌb.sɪst], en que no hay /s/ que se encuentre entre vocales.

Como es posible predecir, según el ambiente fonético, cuál de los dos alófonos se usará en cualquier circunstancia, se dice que [s] y [z] están en **distribución complementaria**. En otras palabras, en el ambiente fonético donde se encuentra el uno, no se encontrará el otro. Los alófonos oclusivos y aproximantes/fricativos sonoros [b] / [β], [d] / [ð] y [g] / [ɣ] también están siempre en distribución complementaria.

Práctica

B. Transcripciones y práctica oral con /s/. Transcriba las siguientes palabras y oraciones, distinguiendo entre [s] y [z] en posición final de sílaba. Luego, en grupos pequeños, léanlas en voz alta.

1. escuela _____

2. espuma _____

3. esgrima _____

4. esdrújula _____

5. esmeralda _____

6. islámico _____

7. estirado _____

8. después _____

9. Israel _____

10. musgo _____

11. mismo _____

12. asno _____

13. cosmopolita _____

14. escobas _____

15. buenos días _____

16. buenas tardes _____

17. buenas noches _____

18. los griegos buenos

_____

19. estas inteligentes chicas

_____

20. más bomberos británicos

_____

21. Vamos para Estados Unidos.

_____

C. **Transcripciones y práctica oral con oraciones.** Transcriba las siguientes oraciones. Luego, en grupos pequeños léanlas en voz alta, prestando atención a la articulación apropiada de las consonantes y las vocales.

1. Casi todos los mexicanos se oponen al terrorismo ambiental.

_____

_____

2. Sus hijos mayores son espías en España.

_____

_____

3. ¿Crees que ese futbolista americano asesinó a su ex esposa?

_____

_____

4. Los mismos misioneros protestantes van a esas naciones desarrolladas.

_____

_____

5. Dos días después del domingo le damos los discos rayados a Esteban.

_____

_____

6. Las computadoras de casi todas las empresas mundiales todavía funcionaban después del comienzo del nuevo milenio.

_____

_____

El fonema /θ/

Por lo general, el fonema /θ/ se emplea únicamente en el centro y el norte de España. Se presenta este sonido aquí brevemente, pero se analizará en más detalle en la **Unidad 7.** Sólo tiene un alófono, [θ], cuya descripción fonética es fricativo, interdental, sordo. El término *interdental* indica que, para articular esta consonante, el predorso de la lengua está entre los dientes. Las letras <c> y <z> representan este sonido en los mismos ambientes fonéticos en que representan /s/ en Latinoamérica, como en la palabra *ceniza*: [θe.ní.θa] en España y [se.ní.sa] en Latinoamérica. La letra <s> *no* se usa para representar esta consonante interdental: *sol* se pronuncia [sol] tanto en España como en Latinoamérica. (Habrá más también sobre la articulación del fonema /s/ en algunos dialectos españoles y andinos en la **Unidad 7.**)

Práctica

D. Contraste entre /s/ y /θ/ en España. A continuación sigue la misma lista de palabras que se encuentra en la **Práctica A**. Escoja las que se pronunciarían de una forma distinta en España por causa del fonema /θ/ y transcriba sólo estas palabras. Luego, practique la pronunciación española de las mismas.

Ejemplo: zapatos   [θa.pá.tos]

1. situación   _____
2. cervezas   _____
3. confianza   _____
4. circunstancias   _____
5. cenizas   _____
6. se suicidó   _____
7. semiconsonantes   _____
8. cocer   _____
9. alcanzar   _____
10. semicírculos   _____
11. coser   _____
12. alcance   _____
13. cirujanos   _____
14. conozco   _____
15. alcanzo   _____
16. zarzuelas   _____
17. Suárez   _____
18. alcanzaste   _____

El fonema /x/

El fonema /x/ es fricativo, velar, y sordo en muchos dialectos del español. (Sus manifestaciones en algunos otros dialectos se analizarán en la **Unidad 7**.) Se representa ortográficamente mediante la <j> y la <g> (seguida de <i> o <e>), y en muy pocos casos con la <x>, como en los siguientes ejemplos:

finja   [fíŋ.xa]
finge   [fíŋ.xe]
Xavier (Javier)   [xa.βjér]

El alófono fricativo, velar, sonoro [ɣ] *no* es una variante de este fonema, sino del fonema /g/ de *haga*, [á.ɣa], como ya se vio en el **Capítulo 17**. En muchos dialectos del español el fonema /x/, sin embargo, tiene dos alófonos, ambos de los cuales son sordos: uno velar y otro palatal.

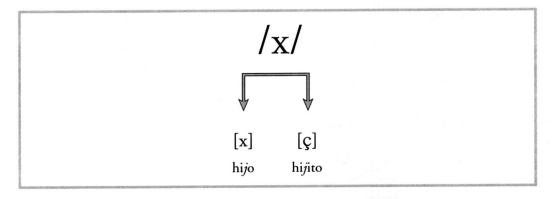

Es importante observar que este sistema de dos alófonos no existe en *todos* los dialectos del español. En la **Unidad 7** se analizará un dialecto (o dialectos) de España en que el *único* alófono será uvular en vez de velar.

El variante palatal [ç] se emplea típicamente cuando le sigue otro sonido palatal como [j] o las vocales anteriores [i] y [e]. Esto ocurre puesto que la lengua se acerca tanto hacia el paladar para articular estos sonidos. Los siguientes ejemplos ilustran este fenómeno:

hi*j*ito   [i.çí.to]
*g*elatina   [çe.la.tí.na]
co*g*ieron   [ko.çjé.ron]

En cualquier otro ambiente fonético se emplea el alófono velar [x]. Se debe notar que estos dos alófonos, [x] y [ç], también se encuentran en muchos dialectos en distribución complementaria. Conviene entender también que el grado de fricción que emplean los hispanoparlantes varía mucho para estos dos sonidos, según el dialecto. Para algunos hay bastante fricción; para otros hay simplemente una aspiración: [h], algo similar a lo que se oye en la palabra inglesa *ham* [hæm]. El sonido [h] en vez de [x] es particularmente común en Centroamérica, el Caribe y Colombia.

Práctica

E. Transcripciones y práctica oral con /x/. Transcriba las siguientes palabras y oraciones, distinguiendo entre [x] y [ç]. Luego, en grupos pequeños, léanlas en voz alta.

1. gente _____
2. Ginastera _____
3. jirafa _____
4. jarro _____
5. relojes _____
6. jamón _____
7. cogió _____
8. México _____
9. Tejas (Texas) _____
10. Xavier (Javier) _____
11. hija _____
12. hijita _____
13. coge _____
14. finge _____

15. un gitano de Ginebra

_____

16. unos tejanos en Jalisco

_____

17. Los jefes exigieron demasiado.

_____

18. El jarabe tapatío es de Jalisco.

_____

19. Gilda corrigió el error de Gilberto.

_____

20. Los jinetes argentinos son genios.

_____

F. **Descripciones fonéticas.** Escriba una descripción fonética de los siguientes sonidos y dé como ejemplo original una palabra que contenga el alófono indicado. Trate de hacer todo sin consultar el texto o sus apuntes.

    1. [f] _____
    2. [s] _____
    3. [z] _____
    4. [x] _____
    5. [ç] _____

G. **Práctica oral y transcripciones fonéticas.** Transcriba las siguientes oraciones y luego, en grupos pequeños, léanlas en voz alta con atención en particular a los fonemas /f, s, x/. Si Ud. habla un español peninsular, puede concentrarse también en el fonema /θ/.

    1. Esas bailarinas de Barcelona se juntaron en Sevilla.

_____

_____

    2. Los franceses juegan al ajedrez generalmente en todo el país.

_____

_____

    3. Mi hijito odiaba el ajo hasta cumplir los diez años.

_____

_____

    4. El mismo Jorge Cisneros me visitó en San José.

_____

_____

Aplicación

Juego. Esta competencia se hace en equipos pequeños o individualmente. El/La profesor/a o un/a estudiante designado/a como árbitro/a escoge una categoría de cosas que uno puede poseer; por ejemplo, *comida, ropa, objetos que se usan en las clases o para estudiar, juguetes para niños o adultos,* etc. Luego, cada equipo o estudiante tiene un máximo de dos o tres minutos para escribir todos los objetos que pueda que correspondan a la categoría. Estos objetos tienen que estar en plural, tienen que poder seguir lógicamente el adjetivo posesivo *mis* y puede haber solamente una palabra en cada espacio en blanco. (Las cosas que no se pueden contar, como *mis gasolinas, no sirven.) Después de dos o tres minutos, cada persona o equipo tiene cinco minutos más para decidirse si puede haber asimilación de sonoridad de la /s/ de *mis* o no, y escribir [s] o [z], según el caso, entre los corchetes. Para ser correcta la respuesta, el alófono [s] o [z] tiene que ser el apropiado. El/La árbitro/a juzgará las respuestas de la persona o equipo que parece haber ganado.

Ejemplos:

Categoría:	los comestibles
letra \<a>:	mi*s* alcachofas [s]
letra \<b>:	mi*s* burritos [z]

letra(-s)	*sustantivo plural*	*[s] o [z] en "mis"*
a	mis _____	[ ]
b	mis _____	[ ]
c/ch	mis _____	[ ]
d	mis _____	[ ]
e	mis _____	[ ]
f	mis _____	[ ]
g	mis _____	[ ]
h	mis _____	[ ]
i	mis _____	[ ]
j	mis _____	[ ]
l/ll	mis _____	[ ]
m	mis _____	[ ]
n/ñ	mis _____	[ ]
o	mis _____	[ ]
p	mis _____	[ ]
q	mis _____	[ ]
r	mis _____	[ ]
s	mis _____	[ ]
t	mis _____	[ ]
u	mis _____	[ ]
v	mis _____	[ ]
y	mis _____	[ ]
z	mis _____	[ ]

CAPÍTULO 19

El fonema africado alveopalatal /ʧ/ y los fonemas palatales /j, ʎ/

El fonema /ʧ/

El fonema africado /ʧ/ tiene un solo alófono: [ʧ]. Un **africado** es un sonido que consta de una oclusión seguida de una fricción (oclusivo [t] + fricativo [ʃ]). El símbolo [ʃ] representa un fricativo, alveopalatal, sordo, como en la palabra *she* del inglés. El africado [ʧ] del español es alveopalatal y sordo. Es muy similar a la articulación de la <ch> del inglés de la palabra *cheat*. También se representa ortográficamente en español con la <ch>, pero, en contraste con el inglés, *exclusivamente* con este símbolo digráfico. (Considere la representación ortográfica de [ʧ] en la palabra inglesa *feature* [fíi̯.ʧɚ], por ejemplo.)

Ya que el sonido existe en inglés, generalmente no le presenta ninguna dificultad apreciable al angloparlante, aunque uno debe esforzarse por evitar este sonido de un caso como se encuentra, por ejemplo, en la palabra *situación,* puesto que la palabra inglesa correspondiente se pronuncia típicamente [sɪ.ʧuu̯.éi̯.ʃən].

Conviene también indicar que algunos lingüistas prefieren usar el símbolo (no IPA) [č] para representar este sonido.

El fonema /j/

Los alófonos [j] y [ʝ]

Ya se ha analizado la semiconsonante [j] como palatal y sonora, la cual se encuentra como un sonido deslizado en los diptongos y triptongos. Este sonido también se encuentra en algunos de los dialectos del español como fonema, /j/, en palabras como *yerno* y *mayo*. En otros dialectos, este sonido llega a ser aun más consonántico, o más específicamente, llega a tener más fricción. La variante [ʝ] de /j/ es fricativo, palatal, sonoro, pero la realidad es que hay muchos posibles grados de fricción entre la [j] y [ʝ], así que no hay una simple selección binaria entre el uno y el otro. Además, el mismo hispanoparlante puede variar su pronunciación entre estos dos según el **registro** (nivel de formalidad), el contexto y el contenido de su habla. Las variantes [j] y [ʝ] *no* se encuentran en muchos casos en distribución complementaria, sino que se trata de una relativa selección libre entre las dos. El uso de la variante fricativa [ʝ] es un caso de un fenómeno que se conoce como el **refuerzo fonético**, puesto que los fricativos tienen más fuerza fonética que las semiconsonantes.

El alófono [ɟ]

Para los hispanoparlantes que suelen utilizar la variante fricativa [ʝ], es especialmente común que ellos también refuercen aun más a veces este sonido, el cual puede llegar a ser [ɟ], africado, palatal, sonoro, algo parecido a la <j> inglesa, [ʤ], de *just.* La consonante inglesa, sin embargo, es *alveo*palatal, y no palatal como la variante [ɟ]. Este sonido se utiliza según una selección libre para muchos hablantes, pero es particularmente frecuente inmediatamente después de una pausa (primer sonido de una emisión), como en el caso de *¡Ya te vas!* [ɟa.te.βás], e inmediatamente después de una consonante nasal, como en los casos de *cónyuge* [kóɲ.ɟu.çe] y *con yelmo* [koɲ.ɟél.mo].

Los alófonos [ʒ] y [ʃ]

En el dialecto rioplatense de Argentina y Uruguay, el fonema /j/ se manifiesta típicamente como [ʒ] o [ʃ], las cuales son variantes libres, y cuya descripción fonética es fricativa y *alveo*palatal. La diferencia entre las dos es que [ʒ] es sonora mientras que [ʃ] es sorda. El alófono [ʒ] es similar a la articulación de la <g> en la palabra inglesa/francesa, *rouge*; [ʃ] es semejante a la combinación <sh> de la palabra *she* del inglés, como ya se ha indicado. Según las circunstancias lingüísticas, entonces, la <y> de la palabra *yunque* podría pronunciarse de por lo menos cinco formas distintas con diferentes grados de variación.

[júŋ.ke]	semiconsonante, palatal, sonora
[júŋ.ke]	fricativo, palatal, sonoro
[ɟúŋ.ke]	africado, palatal, sonoro
[ʒúŋ.ke]	fricativo, alveopalatal, sonoro
[ʃúŋ.ke]	fricativo, alveopalatal, sordo

Las variantes [j], [ɟ], [ʒ] y [ʃ] son mucho menos comunes en la articulación de palabras como *hierba* y *hiato*, puesto que estas palabras en realidad comienzan con un diptongo y normalmente se pronuncian, por lo tanto, [jér.βa] y [já.to], respectivamente, en cualquier dialecto regional.

Estas cinco variantes también se aplican a la letra <ll>. *Llama*, por ejemplo, podría pronunciarse de cinco maneras.

[já.ma]
[já.ma]
[ɟá.ma]
[ʒá.ma]
[ʃá.ma]

El fonema /ʎ/

Sin embargo, en algunos dialectos del español hay un contraste fonémico entre <y> y <ll>. Por ejemplo, en unas regiones norteñas de España y en algunas regiones andinas, la consonante <ll> se pronuncia de una forma distinta a la de la <y>. Se articula en tales dialectos de una manera que se aproxima a la combinación <ll##y> de la frase inglesa *I'd call ya* o a la combinación <lli> dentro de la palabra *million*. Esta consonante es lateral, palatal, sonora y se representa con el símbolo /ʎ/. (Se verá más sobre los laterales en el **Capítulo 21.**) Hay que notar la transcripción de la siguiente oración en uno de tales dialectos en que hay un contraste entre /j/ y /ʎ/:

Yo me llamo Guillermo Yánez.   [jo.me.ʎá.mo.ɣi.ʎér.mo.já.ɲes]

Práctica

A. Práctica de las varias articulaciones de /j/ y de /ʎ/. En grupos pequeños, pronuncien las siguientes palabras y frases sintagmáticas varias veces. Cada vez utilicen una articulación diferente, seleccionando entre las variantes [j, ʝ, ɟ, ʒ, ʃ]. Se puede usar /ʎ/ también donde sea apropiado si se desea. Recuerden que la tendencia es que habrá más refuerzo del fonema /j/ al comienzo de una emisión y después de una consonante nasal.

1. mayo	9. leyeron	17. una yegua
2. yegua	10. hiato	18. con yeguas
3. hierba	11. silla	19. con hielo
4. llanura	12. llorón	20. un llorón
5. cayó	13. yerno	21. una llorona
6. yeso	14. Guillermo	22. un pollo
7. hielo	15. inyección	23. en Yuma
8. llama	16. cónyuge	24. con hierro

B. Práctica de las varias articulaciones de /y/ y de /ʎ/ y transcripciones. En grupos pequeños, lean las siguientes oraciones varias veces. Cada vez utilicen una articulación diferente, seleccionando entre las variantes [j, ʝ, ɟ, ʒ, ʃ]. Se puede usar /ʎ/ también donde sea apropiado si se desea. Recuerden que la tendencia es que habrá más refuerzo del fonema /j/ al comienzo de una emisión y después de una consonante nasal. Luego, transcriban las oraciones, eligiendo las variantes de /j/ con que tienen más familiaridad.

1. Yo me llamo Guillermo Mallo y soy el yerno mayor de mis suegros.

_____

_____

2. El médico me puso una inyección después de enyesar mi tobillo izquierdo ayer.

_____

_____

3. Dos muchachos de Chihuahua charlaron en Chile de sus ocho cachorros.

_____

_____

4. A esas chicas se les cayeron unos refrescos con hielo en la hierba.

_____

_____

5. Ya había llegado Yolanda a la junta que se llevó a cabo en un ayuntamiento de una ciudad de Yemen anteayer.

_____

_____

_____

Aplicación

Análisis del habla de unos hispanoparlantes. Haga una lista de palabras y frases que contengan las letras <y> y <ll> y las combinaciones <hie> e <hia> en diferentes posiciones dentro de las palabras. Luego, busque a dos o tres hispanoparlantes de diferentes países que vivan en su pueblo y pídales que lean las palabras en voz alta *sin decirles lo que se está analizando.* (Se sugieren unas investigaciones con grupos de estudiantes para poder entrevistar a más personas.) Grabe las entrevistas para que pueda repasar lo que digan. Como alternativa, puede usar una o más de las grabaciones en el CD de este texto. ¿Qué variante/s de /j/ prefiere cada persona? Si sus entrevistados son de diferentes regiones, ¿qué diferencias regionales o personales encuentra? Escriba sobre sus investigaciones y dé sus conclusiones abajo, dando ejemplos específicos.

_____

_____

_____

_____

_____

_____

_____

_____

Capítulo 20

Los fonemas nasales /m, n, ɲ/

La prueba fonémica de los tres nasales

Hay tres fonemas nasales en español: /m, n, ɲ/. Se puede comprobar que éstos son verdaderamente fonemas distintos por medio de las siguientes palabras de contraste mínimo: *cama, cana, caña*. En estos tres ejemplos la consonante nasal está siempre en posición inicial de sílaba: [ká.ma], [ká.na], [ká.ɲa]. El contraste entre /ɲ/ y los otros dos fonemas es poco común *en posición inicial de palabra*, puesto que hay muy pocas palabras que comienzan con <ñ>. Un ejemplo relativamente raro sería la palabra *ñapa* que contrasta con *mapa* y *napa*.

La posición dentro de la sílaba y los alófonos nasales

En cambio, el contraste entre estos tres sonidos está neutralizado *en posición final de sílaba*. Esto se puede comprobar comparando palabras como *andan* y *álbum*, las cuales normalmente se pronuncian respectivamente [án̪.dan] y [ál.βun]. En estos dos ejemplos el sonido final se pronuncia [n]; aparentemente el fonema /m/ del inglés se convierte en /n/ en español en posición final de sílaba, puesto que /m/ no existe en español dentro de este ambiente fonético. Lo mismo ocurre con la palabra *requiem* del latín que normalmente se pronuncia [ré.kjen] en español. Tal es el caso cuando el nasal final de sílaba se encuentra en relativo aislamiento, es decir, cuando no hay ningún otro sonido que le siga que pueda causar una **asimilación nasal**. Esta asimilación casi siempre se lleva a cabo cuando al nasal le sigue inmediatamente cualquier otra consonante. En estos casos el nasal adopta el punto de articulación de dicha consonante vecina. Por ejemplo, la palabra *envidia* normalmente se pronunciará [em.bí.ðja]. Puesto que el sonido [b] es bilabial, el nasal también se asimila a la posición bilabial, [m]. Hay siete alófonos nasales distintos, gracias a este tipo de asimilación regresiva, la cual puede ocurrir *sólo en posición final de sílaba*. Los siete, junto con unos ejemplos, son los siguientes:

- [m] bilabial   e*n*vidia   [em.bí.ðja]
                     e*m*barazo   [em.ba.rá.so]
                     e*n* Barcelona   [em.bar.se.ló.na]
                     u*n* viejo   [um.bjé.xo]
- [ɱ] labiodental   é*n*fasis   [éɱ.fa.sis]
                     e*n* Francia   [eɱ.frán.sja]
- [n̪] dental   de*n*tal   [den̪.tál]
                     co*n* todos   [kon̪.tó.ðos]
                     a*n*do   [án̪.do]
                     u*n* diente   [un̪.djén̪.te]
- [n̟] interdental   (en España) e*n*cima   [en̟.θí.ma]
                     u*n* circo   [un̟.θír.ko]
                     si*n*cero   [sin̟.θé.ro]

- [n] alveolar   se*n*sato   [sen.sá.to]
                      u*n* rey   [un.réi̯]
- [ń] alveopalatal   e*n*chilada   [eń.ʧi.lá.ða]
                      u*n* chico   [uń.ʧí.ko]
- [ɲ] palatal   có*n*yuge   [kóɲ.ɟu.xe]
                      compra*n* llamas   [kóm.praɲ.ɟá.mas]
- [ŋ] velar   co*n* quién   [koŋ.kjén]
                      á*n*gel   [áŋ.xel]

Estos siete sonidos tienen que ser alófonos del mismo fonema, porque no hay pares mínimos con estos sonidos nasales en posición final de sílaba. *Van, *vam* y *vañ,* por ejemplo, no pueden ser formas contrastivas en español. Por lo tanto, hay dos sistemas nasales distintos en español: uno para los nasales iniciales de sílaba y otro para los nasales finales de sílaba. En posición inicial de sílaba, el siguiente es el sistema:

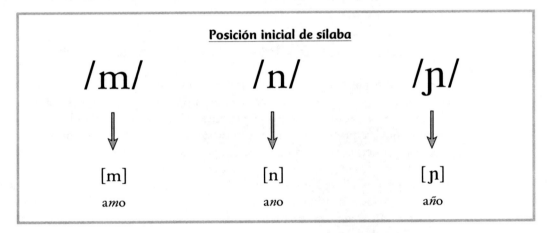

En posición final de sílaba, el sistema, sin embargo, es éste:

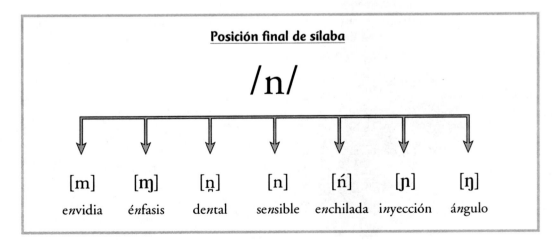

Se debe notar también que en el caso de dos nasales contiguos, como en la palabra *inmigración*, a menudo hay variedad en cuanto a la articulación de la <n>, según el hablante. Para algunos habrá una asimilación: [i.mi.ɣra.sjón]; para otros no habrá tal asimilación: [in.mi.ɣra.sjón]. Y para otros habrá una articulación simultánea de los dos nasales: [i.n͡mi.ɣra.sjón]. Sin embargo, no habrá ni una asimilación ni una coarticulación nasal para ningún hispanoparlante en el caso de la palabra *himno* [ím.no].

Práctica

A. **Descripciones fonéticas de los alófonos nasales.** Haga una descripción fonética completa de los siguientes sonidos. Luego, dé un ejemplo original que contenga el sonido *en posición final de sílaba.* Cuando sea posible (con sólo tres de ellos), dé otro ejemplo en posición inicial de sílaba.

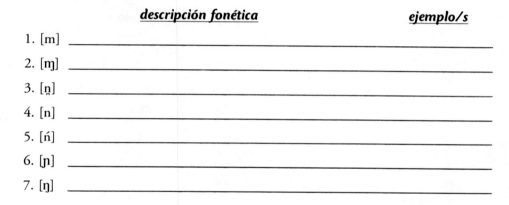

	descripción fonética	*ejemplo/s*
1. [m]		
2. [ɱ]		
3. [n̪]		
4. [n]		
5. [ń]		
6. [ɲ]		
7. [ŋ]		

B. **Transcripciones de palabras individuales y práctica oral.** Determine el punto de articulación de las consonantes nasales que se encuentran en las siguientes palabras y haga una transcripción completa de cada palabra. Luego, en grupos pequeños, lean todas en voz alta, practicando las asimilaciones nasales.

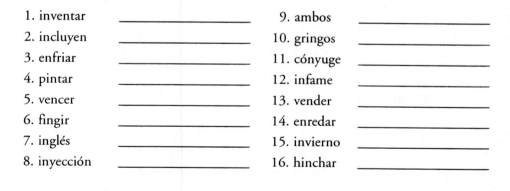

1. inventar		9. ambos	
2. incluyen		10. gringos	
3. enfriar		11. cónyuge	
4. pintar		12. infame	
5. vencer		13. vender	
6. fingir		14. enredar	
7. inglés		15. invierno	
8. inyección		16. hinchar	

C. Transcripciones de oraciones y práctica oral. Determine el punto de articulación de las consonantes nasales que se encuentran en las siguientes oraciones y haga una transcripción completa de cada una. Luego, en grupos pequeños, lean todas en voz alta, practicando las asimilaciones nasales.

1. Esta enchilada aquí en mi plato es excelente.

   _____

   _____

2. Un gringo en Guanajuato me mandó un folleto.

   _____

   _____

3. Don Bosco compró un yate con dinero peruano.

   _____

   _____

4. Con gatos se pueden matar muchos ratones.

   _____

   _____

5. Era un año antes de la independencia del país.

   _____

   _____

6. Los cónyuges generalmente viven juntos.

   _____

   _____

7. Un joven gitano anduvo por el andén.

   _____

   _____

8. Un sinvergüenza de Los Ángeles me lo robó.

   _____

   _____

9. Los españoles tienen cuatro barcos en el golfo.

   _____

   _____

Aplicación

 Interacción entre la morfología y la fonología. Haga las actividades que siguen sobre el prefijo *in-* y la asimilación.

1. Hay una buena cantidad de palabras en español que pueden emplear el prefijo *in-* para cambiarlas en vocablos negativos. Por ejemplo, la palabra *sensato* puede convertirse en *insensato* mediante este proceso. A veces hay una asimilación total de la /n/, lo que quiere decir que este sonido desaparece totalmente. Escriba la forma negativa de las siguientes palabras, empleando el prefijo /in/. Luego, transcríbalas, notando las asimilaciones que afectan al fonema /n/.

Ejemplo:

sensato	insensato	[in-sen-sá-to]
a. seguro		
b. cierto		
c. falible		
d. posible		
e. verosímil		
f. culto		
g. tolerable		
h. legal		
i. reverente		
j. aptitud		
k. borrable		
l. real		
m. potente		
n. legible		
ñ. necesario		
o. móvil		
p. moral		
q. negable		

2. ¿En qué casos es total la asimilación? ¿Cómo se explica ortográficamente la combinación <nn>, la cual normalmente no ocurre en español, en dos de las palabras? ¿Tiene sentido fonéticamente esta combinación?

3. Compare las formas de las palabras de la lista con las correspondientes en inglés (cuando las hay). ¿Qué similitudes y diferencias hay en cuanto a la asimilación nasal?

Capítulo 21
El fonema lateral /l/

Los dos fonemas laterales del español

Hay solamente un fonema lateral que los hispanoparlantes emplean universalmente: el lateral, alveolar, sonoro /l/. Sin embargo, como ya se ha indicado en el **Capítulo 19**, existe en algunas regiones peninsulares y andinas también un fonema lateral, palatal, sonoro /ʎ/, el cual se representa ortográficamente con la letra <ll>. Este último fonema se presentará en más detalle cuando se analicen los varios dialectos del español en la **Unidad 7**.

A las consonantes laterales se les llama así porque, para articularlas, el aire pasa por un lado, o posiblemente por los dos lados, de la lengua. Si se coloca la lengua en la posición del sonido [l] y se respira, se notará que por lo menos uno de los dos lados de la lengua se enfría. Las consonantes laterales y las vibrantes /ɾ/ y /r/ (los cuales se estudiarán en el próximo capítulo) forman una categoría que se conoce por el término **líquidas**, ya que no hay oclusión ni fricción audibles para articularlas.

El contraste entre el sonido [l] del español y el [ɫ] del inglés

En inglés hay también un fonema lateral, alveolar, sonoro. Sin embargo, este sonido normalmente es muy distinto al del español. En inglés el sonido [ɫ] es un alófono **velarizado**, el cual se usa muchísimo entre los angloparlantes, en particular en posición final de sílaba. Esto quiere decir que, aunque [ɫ] es un sonido alveolar, el postdorso de la lengua se acerca bastante a la región velar también. Tal sonido debe evitarse en español porque produce un acento extranjero muy fuerte. Para articular el fonema /l/ en español, el postdorso de la lengua siempre debe quedar en una posición baja para que haya un contraste muy obvio, como en las palabras *all* del inglés y *al* del español.

Práctica

A. **Práctica oral con el fonema /l/.** En grupos pequeños, practiquen la pronunciación de las siguientes palabras, evitando el lateral velarizado [ɫ] del inglés y poniendo atención en particular a la articulación apropiada en posición final de sílaba.

1. lago	7. luego	13. colaborar	19. pulga
2. palo	8. vegetal	14. árbol	20. pulcra
3. total	9. miel	15. lateral	21. el joven
4. lindo	10. mil	16. alguien	22. el gato
5. hilo	11. col	17. algo	23. el kilo
6. semanal	12. colgar	18. Olga	24. el final

Los alófonos de /l/

Al igual que los fonemas /n/ y /s/, el fonema /l/ también tiene solamente un alófono, [l], *en posición inicial de sílaba,* pero más de uno *en posición final de sílaba,* gracias a la **asimilación lateral**. El sistema lateral final de sílaba es el siguiente:

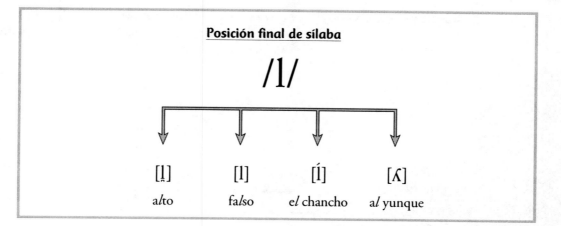

Estos cuatro alófonos laterales son, respectivamente, dental (e interdental), alveolar, alveopalatal y palatal. Se emplean cuando les sigue otro sonido consonántico que se produce con el mismo punto de articulación (asimilación regresiva). Aquí hay algunos ejemplos adicionales a los de la tabla.

- [l̪] dental   aldea   [al̪.dé.a]
                    el día   [el̪.dí.a]
- [l] alveolar   alrededor   [al.re.ðe.ðór]
                    el cisne   [el.síz.ne]
- [l̠ʲ] alveopalatal Elche   [él̠ʲ.tʃe]
                    el chico   [el̠ʲ.tʃí.ko]
- [ʎ] palatal   el yate   [eʎ.ɟá.te]
                    el llanto   [eʎ.ɟáṇ.to]

Además de tales asimilaciones palatales con otra consonante, hay que notar también que puede haber una asimilación recíproca entre el fonema /l/ y la semiconsonante [j]. El resultado es el lateral palatal, /ʎ/, por ejemplo, en la palabra *aliento* [a.ʎén.to]. Se observa que, en tales casos, la consonante [ʎ] se encontrará después de esta asimilación *en posición inicial de sílaba*. Lo mismo ocurre con el alófono nasal palatal [ɲ] en palabras como *viniendo* [bi.ɲéṇ,do]; resulta así un alófono nasal palatal [ɲ] también *en posición inicial de sílaba*.

Práctica

B. Análisis de alófonos laterales y nasales. Explique por qué no existen alófonos laterales *bilabiales*, *labiodentales* y *velares*, aunque el fonema nasal sí tiene estos tres ([m, ɱ, ŋ]). ¿Qué alófono se usa en casos como *milpa*, *alfalfa* y *alcohol*?

_____

_____

_____

_____

C. Transcripciones de palabras y práctica oral del fonema /l/. Transcriba las siguientes palabras o pares de palabras, tomando en cuenta la asimilación lateral. Luego, en grupos pequeños, léanlas, articulando correctamente los laterales.

1. alba _____
2. alfalfa _____
3. alto _____
4. peldaño _____
5. alrededor _____
6. Elche _____
7. algo _____
8. esclavo _____
9. hablas _____
10. palabras _____
11. pulsera _____
12. aldea _____
13. saliendo _____
14. alianza _____
15. el bobo _____
16. el francés _____
17. el diente _____
18. el tío _____
19. el sol _____
20. el niño _____
21. el chorro _____
22. el yeso _____
23. el hierro _____
24. el caldo _____

D. Transcripciones de oraciones y práctica oral del fonema /l/. Transcriba las siguientes oraciones, tomando en cuenta la asimilación lateral. Luego, en grupos pequeños, léanlas, articulando correctamente los laterales.

1. Gilberto y Lilia López le vendieron algunas píldoras al licenciado alto.

_____
_____

2. Se alzó el colchón de agua de Lorena hasta el tercer piso.

_____
_____

3. El chico más sensacional del mundo está saliendo de su aldea.

_____

_____

4. ¿Hay alguien aquí que sepa filtrar el agua antes de que hagamos el hielo?

_____

_____

5. —¿Qué tal si salgo el miércoles?— pregunta el alcalde neoyorquino que articula mal el español.

_____

_____

6. ¿Cuál de las veinte agujas es la más afilada para zurcir aquel calcetín?

_____

_____

Aplicación

 Idiomas y la asimilación lateral. ¿Cuántos idiomas cuyos nombres comienzan con consonantes puede Ud. nombrar? Haga una lista, indique en qué casos habrá una asimilación lateral de la <l> de *el* (en *el chino,* por ejemplo) y especifique su lugar de articulación. Después, en grupos pequeños comparen sus respuestas y digan en qué país/es se habla cada idioma. ¿Cuáles son los idiomas en su lista que son oficiales en más de un país?

Ejemplo: el chino   asimilación lateral alveopalatal ([eʎ.tʃí.no])

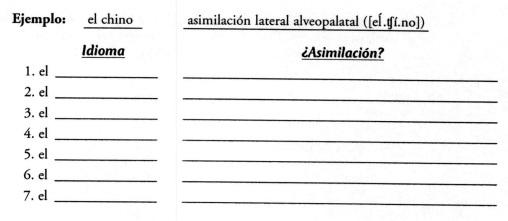

Idioma	_¿Asimilación?_
1. el _____	_____
2. el _____	_____
3. el _____	_____
4. el _____	_____
5. el _____	_____
6. el _____	_____
7. el _____	_____

136

Capítulo 22

Los fonemas vibrantes /ɾ, r/

La articulación del vibrante simple [ɾ]

En español hay dos fonemas vibrantes: el llamado **vibrante simple** [ɾ] y el **vibrante múltiple** [r]. Los dos son alveolares y sonoros. El inglés norteamericano conversacional no tiene vibrantes representados por una <r> ortográfica. Sin embargo, dentro de las palabras en el inglés norteamericano se suele usar un vibrante simple para la <t> y la <d> después de una vocal. Por lo tanto, las palabras *foro* del español y *photo* de estos dialectos del inglés suenan casi igual en cuanto al sonido [ɾ] intervocálico: [fó.ro] y [fóu̯.rou̯], respectivamente.

La consonante a la cual tradicionalmente se le ha dado el nombre de vibrante simple (o *tap* en inglés) se produce mediante el predorso de la lengua cuando toca muy brevemente al región alveolar. Aunque hay contacto entre la lengua y los alvéolos, el vibrante simple no es un oclusivo, debido a la falta de una oclusión seguida de una explosión de aire. El aire, en cambio, sigue fluyendo por la cavidad oral durante la articulación de la consonante [ɾ].

En muchos casos el principiante cree que no puede producir el vibrante simple del español porque es tan diferente del sonido aproximante (y retroflejo) [ɹ] del inglés. Pero como se ha visto, el estudiante simplemente tiene que asociar el sonido [ɾ] del español con la <t> y la <d> postvocálicas del inglés para darse cuenta de que sí puede producir este sonido. Esto se puede llevar a cabo mediante un ejercicio como el siguiente.

Práctica

A. **Similitudes entre la <r> ([ɾ]) del español y la <t> y la <d> postvocálicas del inglés.**
En grupos pequeños, practiquen los siguientes pares de palabras del inglés y del español, fijándose en las similitudes entre el sonido [ɾ] de los dos idiomas.

inglés	*español*
oughta	ara
auto	aro
Toto (perrito de Dorothy)	toro
motto	maro
photo	foro
speedy too	espíritu
pot o' tea	para ti
heat a	gira
Betty, Betty	beriberi
day seater	decir
ah blotter	hablar
ah set 'er	hacer
who got 'er	jugar
cone taught 'er	contar

La articulación del vibrante múltiple [r]

La articulación del vibrante múltiple (*trill* en inglés) es bastante diferente de la del vibrante simple, a pesar de la similitud entre la descripción fonética de los dos sonidos. Además, a diferencia del [ɾ], no hay ningún equivalente en la mayoría de los dialectos del inglés que corresponda a [r]. Para producir este sonido la lengua tiene que relajarse hasta el punto en que el aire que pasa por la cavidad oral causa una vibración rápida de la lengua, durante lo cual el predorso toca *muy* brevemente los alvéolos varias veces. El fenómeno es algo similar a lo que pasaría si uno sacara una bolsa de plástico por la ventanilla de un automóvil, viajando a gran velocidad por la carretera: habría una vibración rápida del plástico debido a las corrientes de aire. Para cualquier persona que tenga dificultades con la producción de este sonido, conviene tratar de relajar la lengua y practicar el sonido dejando pasar bastante aire por la cavidad oral. (Para las personas que no logran producir este sonido, hay alternativas dialectales como se verá en el **Capítulo 24**.)

Práctica

B. Producción del sonido [r] en relativo aislamiento. Imagínese que Ud. es el/la árbitro/a de un partido de básquetbol, pero ha perdido el "pito". ¿Cómo podría Ud. producir un sonido parecido? Una manera sería de producir un [r] fuerte y extendido. Ahora un jugador comete una falta; a ver si Ud. puede sonar el "pito". Una vez que lo haya logrado, practique este sonido en sílabas aisladas como *ra, re, ri, ro* y *ru*. (Podrá practicarlo en palabras y frases más adelante en este capítulo.)

Los fonemas vibrantes y sus alófonos

El sistema de los vibrantes en español es el siguiente:

posición intervocálica		en cualquier otra posición	
/ɾ/	/r/	/ɾ/	
↓	↓	↓	↓
[ɾ]	[r]	[ɾ]	[r]
pe*r*a	pe*rr*a	t*r*es	*r*es

Entre vocales dentro de una palabra, estos dos sonidos tienen valor contrastivo. Se puede notar además el contraste entre sus correspondientes representaciones ortográficas: <r> = [ɾ] y <rr> = [r] en este ambiente fonético. Hay una buena cantidad de pares mínimos como los siguientes para ilustrar esto:

caro	[ká.ɾo]	ahora	[a.ó.ɾa]
carro	[ká.ro]	ahorra	[a.ó.ra]

Práctica

C. Pares mínimos con /ɾ/ y /r/. Escriba por lo menos cuatro pares mínimos originales
con los fonemas /ɾ/ y /r/ intervocálicos.

1. _____   _____
2. _____   _____
3. _____   _____
4. _____   _____

En cualquier otra posición (que no sea intervocálica dentro de la palabra), los dos vibrantes están en distribución complementaria. Como en los casos del fonema nasal y el lateral,
donde se encuentra uno de los alófonos vibrantes no se encuentra el otro porque no tienen
valor contrastivo en estas otras posiciones. La distribución de los dos es así normalmente:

- /r/ posición inicial de palabra
  - *r*es   [rés]
  - *r*ojo   [ró.xo]

- /r/ después de otra consonante alveolar (= inicial de sílaba)
  - al*r*ededor   [al.re.ðe.ðóɾ]
  - En*r*ique   [en.rí.ke]

- /ɾ/ delante de cualquier consonante
  - a*r*te   [áɾ.te]
  - á*r*bol   [áɾ.bol]

- /ɾ/ después de una consonante no-alveolar
  - Á*fr*ica   [á.fri.ka]
  - t*r*es   [tɾes]

- /ɾ/ en posición final de palabra.
  - hablado*r*   [a.βla.ðóɾ]
  - juga*r*   [xu.ɣáɾ]

Los locutores de televisión y de radio y otros a veces emplean el vibrante múltiple en
posición final de palabra, o aun de sílaba, cuando hablan muy enfáticamente, pero este
fenómeno no es tan común en circunstancias ordinarias y normales, como en la conversación diaria.

Práctica

D. Transcripciones y práctica oral de /ɾ/ y /r/ con palabras individuales. Transcriba las
siguientes palabras. Luego, léalas en voz alta en grupos pequeños, poniendo mucha
atención en los vibrantes [ɾ] y [r].

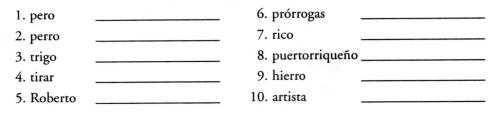

1. pero   _____   6. prórrogas   _____
2. perro   _____   7. rico   _____
3. trigo   _____   8. puertorriqueño _____
4. tirar   _____   9. hierro   _____
5. Roberto   _____   10. artista   _____

11. parabrisas	_____	19. repasar	_____
12. raro	_____	20. rimar	_____
13. carrera	_____	21. armará	_____
14. profesor	_____	22. ranura	_____
15. árbol	_____	23. persigo	_____
16. trabajar	_____	24. recobrar	_____
17. señor	_____	25. enredará	_____
18. precursor	_____		

E. **Transcripciones y práctica oral de /ɾ/ y /r/ con oraciones.** Transcriba las siguientes oraciones. Luego, léalas en voz alta en grupos pequeños, poniendo mucha atención en las variantes [ɾ] y [r].

1. Ricardo Ramírez compró un carro caro del rey de Jordán.

_____

_____

2. El toreador de Torreón, por miedo al toro, agarró y tiró la banderilla.

_____

_____

3. María Ramos ahorra dinero ahora para que más tarde pueda estudiar el arte.

_____

_____

4. Muchos árabes alrededor de Israel quisieran coexistir en paz.

_____

_____

5. El famoso presidente costarricense, Óscar Arias Sánchez, logró una paz duradera en su región por lo cual se le otorgó el Premio Nóbel.

_____

_____

F. **Descripciones fonéticas de [ɾ] y [r].** En contraste con los otros sonidos que se han estudiado hasta la fecha, [ɾ] y [r] requieren *cuatro* términos descriptores en vez de tres. Haga una descripción fonética completa de las dos consonantes.

[ɾ]: _____ _____ _____ _____

[r]: _____ _____ _____ _____

Aplicaciones

A. **Rima con /r/.** Memorice y recite la siguiente rima infantil en voz alta para sus compañeros de clase con atención al fonema /r/.

> Erre con erre cigarro,
> erre con erre barril.
> Tan rápido ruedan
> los carros cargados
> de azúcar de ferrocarril.

¿Se le ocurre alguna rima infantil en inglés que repita algún sonido muchas veces, produciendo una **aliteración** tal como en la rima que Ud. acaba de recitar? ¿Cuáles serán los propósitos de tales rimas infantiles en general?

B. **Explicando la pronunciación de [ɾ].** Ud. tiene un/a amigo/a que cree que no puede pronunciar el alófono [ɾ] en español. Convénzale que sí puede, porque hay palabras en inglés que se pronuncian de una forma *similar (no igual)* que contienen este sonido. Para cada una de las siguientes palabras españolas, déle un ejemplo de una palabra o combinación de palabras en inglés que contengan el sonido [ɾ], y que sea *algo similar* a la pronunciación de la palabra en español.

Ejemplo:	loro (español)	lotto (inglés)
	flora	float a...

español	**inglés**
1. mira	_____
2. puro	_____
3. ere	_____
4. ira	_____
5. clara	_____
6. peral	_____
7. cara	_____
8. ¿Otras?	_____

Aquí hay unas respuestas posibles en orden alfabético:

caught a...	*meet a...*
clod o'... (dirt)	*pedal*
eat a...	*poodle*
Eddy	

Repaso

Unidad 6
Capítulos 15–22

Conteste, comente y/o dé ejemplos, según las instrucciones.

1. En una hoja de papel aparte explique la diferencia entre fonemas y alófonos, dando ejemplos para ilustrar la diferencia. Explique cómo se puede estar seguro de que dos sonidos distintos son realmente fonemas o de que no son fonemas distintos.

2. Enumere los alófonos de los siguientes fonemas y dé dos ejemplos en español para cada uno. Subraye la letra clave.

Ejemplo: /b/ [b]: bestia, envidia [β]: la bestia, cuervo

fonema   *alófonos y ejemplos*

/d/ _____

_____

/f/ _____

/g/ _____

_____

/j/ _____

_____

_____

_____

_____

_____

/k/ _____

/l/ _____

_____

_____

_____

/n/ (inicial de sílaba) _____

_____

/n/ (final de sílaba) _____

_____

_____

_____

_____

_____

_____

/p/ _____

/ɾ/ _____

_____

/s/ _____

_____

/t/ _____

/x/ _____

_____

/tʃ/ _____

3. En una hoja de papel aparte, explique cómo es distinto el fonema /j/ en comparación con los demás, en cuanto a su relación con sus varios alófonos.

4. Escriba una descripción fonética de los siguientes sonidos y dé un ejemplo en español para cada uno, subrayando la letra clave.

Ejemplos: [a]   (vocal) central, baja, neutra   boc<u>a</u>

            [b]   oclusivo, bilabial, sonoro   <u>v</u>iolento

sonido	*descripción fonética*	*ejemplo*
[e]	_____	_____
[f]	_____	_____
[ɣ]	_____	_____
[ɱ]	_____	_____
[t]	_____	_____
[tʃ]	_____	_____
[r]	_____	_____
[d]	_____	_____
[β]	_____	_____
[ʎ]	_____	_____
[i]	_____	_____
[o]	_____	_____
[k]	_____	_____
[x]	_____	_____
[l̪]	_____	_____
[ɲ]	_____	_____
[ŋ]	_____	_____
[ɾ]	_____	_____
[θ]	_____	_____
[j]	_____	_____
[ń]	_____	_____

5. Transcriba las siguientes oraciones, aplicando todos los principios aprendidos hasta ahora. Luego léalas en voz alta.

Ejemplo: Esta frase ilustra cómo Ud. debe transcribir las siguientes oraciones.
[és.ta.fɾá.se̯-lús.tɾa.kó.mo̯us.té.ðé-βe.tɾans.kɾi.βíɾ.la.si.y̯jén-te.so.ɾa.sjó.nes]

a. ¿Dónde se encuentra un abogado cuando ocurren problemas?

_____

_____

b. Un gitano de Sevilla vino a Madrid buscando a un joven griego.

_____

_____

c. En Francia y en Chile hay individuos que se oponen a las guerras injustas.

_____

_____

d. La envidia es un sentimiento que debe evitarse en cualquier situación.

_____

_____

e. La altitud de unas aldeas bolivianas es asombrosa.

_____

_____

f. El chileno cuyas obras conozco bastante bien es Neruda.

_____

_____

g. Un actor en aquella película exitosa decía que se creía rey de la tierra.

_____

_____

h. ¿Los cónyuges comparten los quehaceres domésticos cada día más tanto en México como en Estados Unidos?

_____

_____

_____

6. Escriba un párrafo sobre los sentimientos que Ud. tiene hacia alguna polémica actual. Por ejemplo, Ud. podría escribir sobre la violencia en las escuelas, en la televisión, o sobre la política nacional actual que tenga que ver con el terrorismo. Luego, haga una transcripción fonética de por lo menos las primeras 75 palabras de su párrafo.

Párrafo, utilizando la ortografía normal del español

_____

_____

_____

_____

_____

_____

_____

_____

_____

_____

_____

Transcripción de las primeras 75 palabras de su párrafo

_____

_____

_____

_____

_____

_____

_____

_____

7. En una conversación con un/a compañero/a de clase, hable (sin leer) del mismo tema sobre el cual Ud. escribió en el número seis arriba. Hay que tratar de producir sonidos vocálicos y consonánticos típicos del español, y aplique el principio del enlace (‿) entre palabras, evitando una separación causada por el golpe de glotis [ʔ].

Unidad 7
Dialectos regionales

Capítulo 23

España: el castellano

Idiomas y dialectos de la Península Ibérica

El español, o el **castellano**, es un **idioma romance** (o **románico**), es decir, que es una lengua que procede del **latín vulgar**, el idioma de hace unos dos mil años hablado por la gente común. Son los romanos quienes traen este idioma a la Península Ibérica durante los doscientos años antes del nacimiento de Cristo. El latín vulgar perdura a través de los siglos en muchas partes de Europa, donde varios dialectos romances se desarrollan. Estos dialectos llegan a ser al fin y al cabo los idiomas romances del mundo moderno: el castellano, el catalán, el portugués, el gallego, el francés, el italiano, el rumano y otros. (Habrá más sobre el desarrollo fonético histórico del español en la **Unidad 8.**)

Hoy en día hay cuatro idiomas romances que se hablan en la Península Ibérica: el **castellano,** el **portugués,** el **gallego** y el **catalán**. Además, hay otros dialectos romances que se emplean, como el **leonés** y el **aragonés,** y un idioma que no tiene como pariente ningún otro idioma conocido —el **vascuence,** que se habla en el norte de España y en el sur de Francia. (Consulte el mapa en la página 162 del **Capítulo 25** para identificar las varias regiones lingüísticas.) También se encuentra otro dialecto regional del español (aparte del castellano), el **andaluz,** en el sur de España. Se presentará más sobre el andaluz en el **Capítulo 24,** dado que este dialecto comparte varios aspectos fonológicos con una cantidad de dialectos latinoamericanos.

Debe quedar obvio, entonces, que hay mucha variedad fonológica en España, como habrá en casi cualquier otro país. Resulta imposible, por consiguiente, notar todos los fenómenos fonológicos que se manifiestan en aquel país en un tomo breve como éste. El enfoque, por lo tanto, estará en cuatro fonemas que son bastante típicos y sobresalientes del castellano en regiones extensas de la Península Ibérica: /θ, ş, χ, ʎ/.

El fonema /θ/

Entre dichos cuatro fenómenos fonológicos, quizás el más conocido sea la manera en que se pronuncian la <z> y la <c> (¡*no* la <s>!), como ya se aprendió en el **Capítulo 18.** Para repasar, estas dos letras representan un fonema fricativo, dental (o interdental), sordo [θ], algo similar al sonido de *thigh* del inglés. A través de la historia, el desarrollo de la /s/ y de la /θ/ del castellano moderno sucede naturalmente de diferentes consonantes originalmente latinas. No ocurre a causa de un defecto en la pronunciación de algún monarca español, lo cual ha sido un mito popular.

Práctica

A. Práctica oral del fonema /θ/. Lean en voz alta las siguientes palabras en grupos pequeños, empleando el fonema /θ/ del castellano peninsular. (¡Cuidado con la <s>!)

1. cinco	9. piscina	17. vencer
2. diez	10. zarzuela	18. lápiz
3. dieciséis	11. Zaragoza	19. López
4. cerveza	12. cereza	20. González
5. ceniza	13. ciento doce	21. luces
6. comenzar	14. testuz	22. césped
7. conozco	15. azul	23. cero
8. hiciste	16. quince veces	24. azúcar

El fonema /ş/

Se ha visto que las letras <c> y <z> representan un sonido que esencialmente no existe en el español latinoamericano. Pero para muchos (aunque no todos) que hablan el castellano peninsular, la letra <s> también representa un sonido distinto al de la mayoría de los latinoamericanos: [ş], el cual es fricativo **ápico-alveolar**, sordo. (Este sonido se oye también en algunas regiones andinas, como en las áreas montañosas de Bolivia.) Ambos sonidos, [s] y [ş], son fricativos, alveolares, sordos. El sonido [s] se articula, no obstante, con el *predorso* de la lengua mientras que el sonido [ş] se articula más bien con el *ápice* de la lengua, la cual se coloca en una posición retrofleja, similar a la de la [ɹ] del inglés. Esta última articulación es algo semejante a la manera en que solía pronunciar la <s> el actor Humphrey Bogart, o más recientemente, Sean Connery. Por supuesto, el fonema /ş/ también tiene dos alófonos, tal como los tiene el fonema /s/, y se encuentran en la misma distribución fonológica. Es decir, que el alófono [z̢] se emplea delante de otra consonante sonora y el alófono [ş] se encuentra en cualquier otro ambiente fonético. El sistema, entonces, es éste:

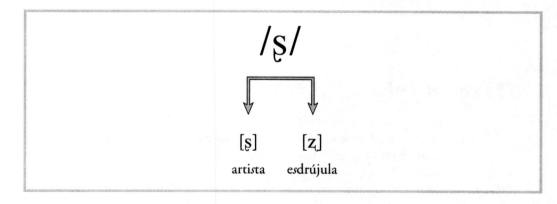

/ş/

[ş]   [z̢]

arti*s*ta   e*s*drújula

Práctica

B. Práctica oral del fonema /ş/. Lean en voz alta las siguientes palabras y frases en grupos pequeños, empleando el fonema /ş/ del castellano peninsular. No se olvide de la manera en que se deben pronunciar la <c> y la <z>.

1. sol	9. doscientos	17. Suárez
2. seis	10. posesivos	18. siempre
3. semanas	11. sensacionales	19. estudiamos
4. cosiste	12. sensibles	20. secciones
5. estás	13. desde	21. socios raros
6. sueles visitarme	14. sesenta y seis	22. esas escuelas
7. conocisteis	15. tres millones	23. los mismos
8. cociste	16. sesiones	24. buenos días

El fonema /χ/

Otra diferencia típica que a menudo se observa entre el castellano peninsular y el latinoamericano es el fricativo, velar, sordo /x/ de éste, y el fricativo, **uvular**, sordo /χ/ de aquél. En otras palabras, la articulación peninsular es más posterior que la otra. También suele haber bastante fricción con este variante uvular; tampoco hay asimilación palatal ([ç]) en el caso del fonema uvular, como lo ilustra la palabra *hijito* [i.χí.to]. Esto quiere decir que /χ/ típicamente tiene un solo alófono: [χ].

Práctica

C. Práctica oral del fonema /χ/. Lean en voz alta las siguientes palabras en grupos pequeños, empleando el fonema uvular /χ/ del castellano peninsular. No se olvide de la manera en que se deben pronunciar también la <c>, la <z> y la <s>.

1. juntos	5. hijo	9. jota	13. Jalisco
2. gente	6. Argentina	10. Jorge	14. julio
3. jinete	7. relojes	11. bajan	15. ajo
4. Geraldo	8. jamón	12. Jujuy	16. México

El fonema /ʎ/

Como ya se observó en el **Capítulo 19**, hay españoles (especialmente los que hablan un castellano norteño —en Cantabria en particular) y algunos latinoamericanos (en unas de las regiones andinas mayormente) que emplean dos fonemas laterales distintos: /l/ y /ʎ/. El sonido [ʎ] se representa ortográficamente con la letra <ll> y es el lateral, palatal, sonoro que se encuentra dialectalmente, por ejemplo, en *llanto* [ʎán̪.to]. También se encuentra este sonido en *cualquier* dialecto en palabras como *saliendo* [sa-ʎén̪-do], aunque en este caso [ʎ] resulta de una asimilación entre /l/ y /j/, como ya queda explicado en el **Capítulo 19**. Hay un contraste fonémico entre los fonemas /j/ y /ʎ/ en dialectos que tienen ambos fonemas, como se puede observar en pares mínimos como los siguientes:

cayó	[ka.jó]		mayo	[má.jo]
calló	[ka.ʎó]		Mallo	[má.ʎo]

A aquellas personas a quienes les falta una distinción entre estos dos fonemas se les llama **yeístas**, es decir, a los que pronuncian igual las palabras *cayó* y *calló:* [ka.jó]. Los que practican el **yeísmo** representan la mayor parte de los hispanoparlantes, tanto en la Península Ibérica como en Latinoamérica, ya que parece que el fonema lateral [ʎ] va desapareciendo poco a poco, particularmente en España.

Práctica

D. Práctica oral del fonema /ʎ/. Lean en voz alta las siguientes palabras y oraciones en grupos pequeños, empleando el fonema /ʎ/ de unos dialectos del castellano peninsular y andino. (No sea yeísta por el momento.) No se olvide de la manera en que se deben pronunciar también las letras <c, z, s, j> y a veces <g, x>, o sea, [θ], [ş], [z̧] y [χ].

1. llano	6. yegua	11. cayó	16. La yegua llega.
2. ya no	7. llama	12. calló	17. Llueve allí.
3. lluvia	8. llanta	13. haya	18. Yo me llamo...
4. hielo	9. mayo	14. allá	19. Guillermo oye.
5. pollo	10. Mallo	15. yo	20. La silla cayó.

E. Transcripciones y práctica oral con los fonemas /θ, ş, χ, ʎ/. Transcriba las siguientes oraciones, usando los alófonos de los fonemas que corresponden al castellano peninsular que se han aprendido en el presente capítulo. Luego, lea las oraciones despacio y en voz alta en grupos pequeños, siempre incluyendo dichos fonemas.

1. El gitano cordobés llegó ayer a Castilla la Vieja.

   _____

   _____

2. El zapatero de Zaragoza cerró su taller a las diez.

   _____

   _____

3. Mi hijo mayor ha llegado hoy de Barcelona en autobús.

   _____

   _____

4. Es fácil beber demasiada cerveza allá en el Yucatán.

   _____

   _____

5. Llovió doscientas catorce horas seguidas una vez en San Jorge.

   _____

   _____

6. Nos está jorobando ese cacique que está allá destruyendo varios países democráticos.

   _____

   _____

Aplicación

Análisis del habla de un/a español/a. Si hay una persona de España en su universidad o comunidad, entrevístele brevemente, grabando la conversación. Se podría pedirle, por ejemplo, que hablara de las diferencias culturales entre españoles, latinoamericanos y/o norteamericanos. Si Ud. no encuentra a nadie con quien pueda hablar, podría usar a una de las personas españolas que habla en el CD. Después, analice la grabación para determinar cuál de los siguientes fonemas emplea la persona. Para cada consonante /θ, ş, χ, ʎ/, dé un ejemplo (transcripción) de una emisión que se oiga en la grabación. Compare los resultados con los de sus compañeros de clase. Comente también los contrastes culturales y/o lingüísticos que los hablantes hayan mencionado.

<u>**Ejemplo/s**</u>

¿Usa /θ/ o /s/ ?   _____

¿Usa [s] o [ş] ?   _____

¿Usa [z] o [z̢] ?   _____

¿Usa [x], [ç] o [χ] ?   _____

¿Usa /ʎ/ o /j/ para <ll>?   _____

¿Hay algún otro aspecto fonológico interesante del habla de esta persona?

_____

_____

_____

_____

Capítulo 24

El español latinoamericano y el estadounidense

El español latinoamericano

El término *español latinoamericano* comprende regiones geográficas muy extensas, desde el Cono Sur de Sudamérica, a Centroamérica y al Caribe, hasta Estados Unidos y Canadá. Como consecuencia, si es difícil describir todos los fenómenos dialectales de la Península Ibérica, es prácticamente imposible caracterizar adecuadamente los muchos dialectos del español latinoamericano dentro de un capítulo breve, dada la variedad que existe entre ellos. Esto, en gran medida, se debe a las tantas diferentes influencias lingüísticas y culturales —europeas, indígenas y africanas— en particular. No obstante, hay unos cuantos fenómenos fonológicos sobresalientes y relativamente comunes en las varias regiones, los cuales se deberían mencionar.

El español estadounidense

El lector debe tomar en cuenta que muchos de los fenómenos fonológicos que son típicos de México, Puerto Rico y Cuba se encontrarán a menudo en dialectos del español en Estados Unidos, puesto que éstos son los tres grupos principales de hispanoparlantes de este país. Pero se da por descontado también que existen dialectos de todos los países de habla española en Estados Unidos. Las investigaciones han demostrado que hay un paralelo claro entre el habla de los inmigrantes y la de los que todavía se encuentran en el país de origen.[1] De hecho, según otras investigaciones, aun después de veinte años o más de residencia en Nueva York, los puertorriqueños mantienen su pronunciación regional, hasta con su articulación de palabras adoptadas del inglés.[2] Por lo tanto, al analizar un fenómeno dialectal de alguna región del mundo hispano, uno puede estar seguro de que este mismo fenómeno se encontrará entre hablantes estadounidenses que son originarios de la misma región, particularmente si éstos pertenecen a alguna comunidad lingüística de habla española en Estados Unidos.

La aspiración o elisión del fonema /s/

Uno de los fenómenos más frecuentes de muchas regiones de Latinoamérica, especialmente en las que se conocen como las **tierras bajas** (regiones costeras y otras áreas de poca altura de Sudamérica, de Centroamérica, del Caribe, etc.), es el de la aspiración o elisión del fonema /s/ *en posición final de sílaba*. En el caso de la **aspiración**, representada fonéticamente con el símbolo [h], aunque no hay fricción audible, se puede oír el aire que

---

[1] Craddock, Jerry R. 1981. "New World Spanish." *Language in the USA*. Eds. Charles A. Ferguson, Shirley Brice Heath, et al. Cambridge: Cambridge University Press, 206.

[2] Zentella, Ana C. 1981. "Language Variety among Puerto Ricans." *Language in the USA*. Eds. Charles A. Ferguson, Shirley Brice Heath, et al. Cambridge: Cambridge University Press, 231.

escapa de la laringe sin vibración de las cuerdas vocales. El inglés tiene este sonido, pero en *posición inicial de sílaba*, como en la palabra *hit* [hɪt]. En español, en cambio, la <s> (final de sílaba) de *esta,* por ejemplo, se pronuncia a menudo [éh.ta]. En el caso de la **elisión** hay una pérdida total de [s]: [é.ta]. La frecuencia del empleo de esta aspiración o elisión se debe a factores como el tema de la conversación, el estilo del habla, el nivel de formalidad, la rapidez del habla, el dialecto específico del hablante, y en algunos lugares, la estructura gramatical. Además, el nivel social de la persona puede afectar la frecuencia de estos fenómenos, puesto que los de los niveles sociales más bajos típicamente no adoptan, como lo hacen a veces otras personas según la situación, un estilo más cuidadoso y formal (con menos aspiración y elisión). Al decir esto, conviene enfatizar que no se trata de juzgar algún dialecto como superior a ningún otro, pues hay personas de *todo* dialecto regional con una formación lingüística y académica impresionante. Aquí tampoco se pretende caracterizar todos estos factores tan complejos y los efectos que tienen en el idioma. Baste decir que la aspiración y la elisión son procesos bastante comunes en el español de las tierras bajas entre personas de toda clase social.

La aspiración y la elisión del fonema /s/ son rasgos típicos también del dialecto andaluz del español penínsular. De hecho, la falta de distinción entre las letras <s> y >c/z> es otro fenómeno que el hispanoparlante andaluz comparte con el latinoamericano. Además, para algunos andaluces las consonantes <c/z> así como la <s> se pronuncian como el sonido [θ], lo cual se conoce como el **ceceo** [θe.θé.o]. El fonema fricativo, (inter)dental, sordo [θ], como ya se ha observado, esencialmente no existe en el español de las Américas. Es bastante lógico que todo esto (la aspiración, la elisión y la falta del ceceo) exista, sin embargo, en las Américas en vista del hecho de que tantos habitantes del sur de España emigraron a las tierras bajas del Nuevo Mundo durante la época colonial. El uso del fonema /s/ en vez de la articulación (inter)dental /θ/ se conoce como el **seseo.**

Práctica

A. Práctica oral de la aspiración y la elisión del fonema /s/. Lean las siguientes palabras dos veces en grupos pequeños. La primera vez, empleen una aspiración [h] para el fonema /s/ en *posición final de sílaba.* Luego, permitan una elisión de la consonante. **¡Ojo!** Estos procesos no se aplican al fonema /s/ *en posición inicial de sílaba.*

1. vienes	9. festejar	17. osos
2. lunes	10. fiesta	18. conozco
3. martes	11. astro	19. mezcla
4. miércoles	12. estrella	20. sistema
5. jueves	13. estudiamos	21. posesivos
6. viernes	14. estás	22. España
7. español	15. los	23. estos
8. esdrújula	16. unos	24. mismo

B. Práctica oral de la aspiración y la elisión del fonema /s/ en oraciones. Lean las siguientes oraciones dos veces en grupos pequeños. La primera vez, empleen una aspiración [h] para el fonema /s/ *en posición final de sílaba*; luego, permitan una elisión del sonido. **¡Ojo!** Estos procesos no se aplican al fonema /s/ *en posición inicial de sílaba.*

1. Nuestros padrastros enseñan español en esta institución.
2. Nos duele el estómago porque Esteban no nos ha dado las pastillas debidas.
3. Estos soldados de Estados Unidos han escrito cartas a sus queridas.

4. En alemán se deben escribir todos los sustantivos con letras mayúsculas.

5. En el año dos mil dimos muchas fiestas en nuestro país.

Variante regional del fonema /ʧ/ : [ʃ]

En algunas regiones de México, especialmente en el norte y en la Ciudad de México, así como en el sur de España y el suroeste de Estados Unidos, el fonema africado /ʧ/ ha llegado a ser *fricativo:* [ʃ]. Los dos sonidos son alveopalatales y sordos. La variante [ʃ] es muy similar a la <sh> de *she* del inglés. Se trata de un caso del debilitamiento, porque un fricativo tiene menos fuerza articulatoria que un africado. La palabra *muchacho,* entonces, en dichas regiones se pronuncia típicamente [mu.ʃá.ʃo] en vez de [mu.ʧá.ʧo].

Práctica

C. **Práctica oral del empleo méxicano, andaluz y de los del suroeste de Estados Unidos de la variante [ʃ] del fonema [ʧ].** Para experimentar la articulación del fonema /ʃ/, lean las siguientes palabras en voz alta en grupos pequeños.

1. muchacho	5. chiste	9. ocho	13. churro
2. Chihuahua	6. chica	10. ochenta	14. chocho
3. Chicago	7. chorro	11. chicha	15. Chaco
4. chófer	8. chancho	12. alcachofa	16. chilena

Variantes regionales del fonema /j/: [ʒ, ʃ]

En Argentina y en Uruguay, y especialmente en la región rioplatense (Buenos Aires, Montevideo, etc.), el fonema palatal /j/ tiene una articulación fricativa, alveopalatal, sonora [ʒ] o sorda [ʃ], como ya queda notado en el **Capítulo 19**. A veces los individuos de aquella región emplean la variante sonora [ʒ], mientras que otras personas, especialmente entre la gente joven, tienden a usar la variante sorda [ʃ]. Son, por lo tanto, variantes libres. (Note que este último es el mismo sonido que emplean los mexicanos en lugar del africado [ʧ].) Las letras <y> y <ll> representan estas variantes ortográficamente.

Práctica

D. **Práctica oral del uso argentino y uruguayo de las variantes [ʒ] y [ʃ] del fonema /j/.** Lean las siguientes palabras y oraciones en voz alta dos veces en grupos pequeños. La primera vez empleen la variante sonora [ʒ] y la segunda vez usen la variante sorda [ʃ] para articular el fonema /j/.

1. llano	6. yegua	11. cayó	16. La yegua llega.
2. ya no	7. llama	12. calló	17. Llueve allí.
3. lluvia	8. llanta	13. haya	18. Yo me llamo…
4. yerno	9. mayo	14. allá	19. Guillermo oye.
5. pollo	10. Mallo	15. yo	20. La silla cayó.

Primera variante regional del fonema /r/: [z̧]

Hay varias posibles articulaciones regionales de /r/ en el mundo hispano. En el presente texto se mencionará sólo dos de éstas. Desde el norte de Argentina hasta algunas regiones montañosas de los países andinos, en Guatemala y en algunos otros lugares, el vibrante múltiple /r/ tiene una articulación fricativa retrofleja [z̧]. Esta variante es bastante similar a la consonante alveopalatal [ʒ], pero aquélla es apical y alveolar. Estos dos sonidos son sonoros. La descripción fonética completa, entonces, del sonido [z̧] es fricativo, ápico-alveolar, sonoro y su articulación es esencialmente igual a la del alófono [z̧] del fonema /ʂ/ del castellano peninsular. (Véase el **Capítulo 23**.)

Práctica

E. Práctica oral del uso andino (etc.) de la variante [z̧] del fonema /r/. Para experimentar la articulación del alófono [z̧] del fonema /r/, lean las siguientes palabras en voz alta en grupos pequeños.

1. perro	7. raro	13. riesgo	19. región
2. Roberto	8. carrera	14. arriesgado	20. Ramírez
3. prórrogas	9. rima	15. correr	21. ahorrar
4. rico	10. ranura	16. alrededor	22. riquezas
5. hierro	11. erre	17. enriquecer	23. rúbrica
6. enterrar	12. tierra	18. costarricense	24. Israel

Segunda variante regional del fonema /r/:[ʁ]

En Puerto Rico y en el español puertorriqueño de Nueva York, el fonema /r/ para muchas personas se manifiesta como fricativo, uvular, sonoro: [ʁ]. (Recuerde que el sonido [χ] del español peninsular es fricativo, uvular, *sordo*.) Los que no están acostumbrados a este fenómeno a veces oyen *jamón* cuando el puertorriqueño dice *Ramón*. También se pudiera notar que esta articulación es bastante similar a la de la <r> del francés y del alemán.

Práctica

F. Práctica oral del uso puertorriqueño del sonido [ʁ]. Para experimentar la articulación del alófono [ʁ] del fonema /r/, lean de nuevo las palabras de la **Práctica E** en voz alta en grupos pequeños.

Lateralización del fonema /ɾ/: [l]

Además de lo anterior, muchos puertorriqueños y otros del Caribe típicamente articulan el lateral, alveolar, sonoro [l] en lugar del alófono [ɾ] del fonema vibrante simple /ɾ/ *en posición final de sílaba*. En el caso de la palabra *arte*, por ejemplo, se dice [ál̯.te] y *decir* se pronuncia [de.síl]. Este proceso se llama **lateralización**.

Práctica

G. Práctica oral de la lateralización puertorriqueña del fonema /ɾ/. Lean las siguientes palabras en voz alta en grupos pequeños, empleando la variante lateral [l] donde el fonema /ɾ/ aparece *en posición final de sílaba* solamente. No se olviden de usar la variante [ʁ] también para el fonema /r/.

1. hablar	5. mandarle	9. perdedor	13. artista
2. perder	6. Arnaldo	10. verlo	14. girar
3. tercer	7. profesor	11. sartén	15. perdedora
4. dormir	8. hablador	12. Ramón	16. correr

La velarización del fonema /n/ : [ŋ]

El último fenómeno que se mencionará en el presente capítulo es la **velarización** del nasal en posición final de palabra. Esto se puede observar mayormente en los países del Caribe y en partes de Centroamérica. La palabra *pan*, por ejemplo, se pronuncia [paŋ] (nasal, velar, sonoro) en esas regiones. No obstante, si hay una posibilidad de asimilación nasal (véase el **Capítulo 20**), *no* habrá ninguna velarización. Un ejemplo sería la frase *pan duro* [pan̪.dú.ɾo], en que hay una asimilación dental como en cualquier otro dialecto del español. Esto quiere decir que habrá una velarización del nasal en posición final de palabras en tres circunstancias:

- cuando una vocal sigue al nasal: pa*n* italiano [pá.ŋi.ta.ʎá.no]
- cuando hay una pausa después del nasal, es decir, cuando no le sigue ningún otro sonido: cerveza alemá*n* (+pausa) [seɾ.βé.sa:.le.máŋ]
- cuando le sigue una consonante velar (como en cualquier otro dialecto del español): u*n* caso [uŋ.ká.so]

Práctica

H. Práctica oral de la velarización caribeña y centroamericana del fonema /n/. Para experimentar la articulación del nasal velarizado [ŋ] del fonema /n/ en posición final de palabra, lean las siguientes palabras en voz alta en grupos pequeños.

1. tan	7. pon	13. asociación	19. invención
2. pan	8. están	14. nación	20. sartén
3. van	9. joven	15. encuentran	21. en
4. dan	10. examen	16. suben	22. son
5. han	11. jonrón	17. costaron	23. den
6. ron	12. hombrón	18. vinieron	24. amén

I. Identificación de posibles velarizaciones del nasal en oraciones. En las siguientes oraciones, determine dónde podría haber una velarización nasal [ŋ] en algunos dialectos caribeños y centroamericanos. Luego, lean las oraciones en voz alta en grupos pequeños, empleando la velarización apropiadamente.

1. Esa joven alta y aquel joven bajo se casaron hace un año.
2. Un chico de Irán bateó un jonrón en el Parque Sion.
3. Ustedes no deben usar un guión con esa palabra compuesta.
4. Un gringo alemán ha llegado hoy a Jerusalén en un camión israelí.
5. En cuanto terminaron el examen, Juan y Elena dijeron "Amén".

Aplicación

Análisis del habla de un/a latinoamericana/a. Si hay una persona de herencia latinoamericana en su universidad o comunidad que sea de uno de los lugares tratados en este capítulo, entrevístela brevemente, grabando la conversación. Se podría pedirle, por ejemplo, que hablara de las diferencias culturales entre personas de dos países de habla española, o de un país latinoamericano y Estados Unidos. Si Ud. no encuentra a nadie con quien pueda hablar, podría usar una de las grabaciones de las personas latinoamericanas en el CD. Después, analice la grabación para determinar qué fenómenos fonológicos mencionados en este capítulo (u otros) emplea esa persona. Dé varios ejemplos (en la forma de transcripciones) de cada fenómeno.

_____

_____

_____

_____

_____

_____

_____

_____

Repaso

Unidad 7
Capítulos 23–24

En una hoja de papel aparte, conteste, comente y/o dé ejemplos, según las instrucciones.

1. Explique lo que es un idioma romance. Enumere varios idiomas y dialectos romances modernos.
2. Mencione algunos contrastes fonémicos específicos entre el castellano (peninsular) y el andaluz. ¿Cuáles de los fenómenos fonológicos de estos dos dialectos se encuentran en las Américas y en qué regiones específicas?
3. Indique qué alófonos pertenecen a los fonemas /θ, ş, χ, ʎ/. Haga una descripción fonética de cada uno de estos alófonos y dé ejemplos de palabras que pudieran contener cada alófono.
4. Indique en qué regiones de España se oyen típicamente los dos fonemas /θ, ʎ/.
5. ¿Cuáles son los tres grupos de hispanos o latinos más grandes de Estados Unidos? Mencione un aspecto dialectal de la pronunciación de algunos de los miembros de cada grupo. Según las investigaciones, ¿los hispanoparlantes probablemente pierden o retienen la mayoría de los aspectos de la pronunciación típica de su país de origen después de veinte años de residencia en Estados Unidos? ¿Qué tal la pronunciación de palabras inglesas adoptadas?
6. Para cada uno de los siguientes fenómenos fonológicos, indique en que región o regiones de las Amércias (Latinoamérica y Estados Unidos) se encuentra, en qué ambiente fonético ocurre (por ejemplo, final de sílaba, en cualquier posición, etc.), unos ejemplos de palabras o frases que demuestren el fenómeno y, cuando se indica, una descripción fonética de la variante.

    a. la aspiración y elisión del fonema /s/

    región/regiones:_____

    ambiente fonético: _____

    ejemplos:_____

    b. /ʧ/ > [ʃ]

    región/regiones:_____

    ambiente fonético: _____

    ejemplos:_____

    c. /j/ > [ʒ, ʃ]

    región/regiones:_____

    ambiente fonético: _____

    ejemplos:_____

    descripciones fonéticas: _____

    _____

d. /r/ > [z]

región/regiones:_____

ambiente fonético: _____

ejemplos:_____

descripción fonética: _____

e. /r/ > [ʁ]

región/regiones:_____

ambiente fonético: _____

ejemplos:_____

descripción fonética: _____

f. /ɾ/ > [l]

región/regiones:_____

ambiente fonético: _____

ejemplos:_____

descripción fonética: _____

g. /n/ > [ŋ]

región/regiones:_____

ambiente fonético: _____

ejemplos:_____

descripción fonética: _____

Unidad 8
Desarrollo fonético histórico

Capítulo 25

El desarrollo del castellano y otros idiomas y dialectos originarios de la Península Ibérica

Los iberos y los celtíberos

Los habitantes prehistóricos de la Península Ibérica son los **iberos**. Se sabe muy poco de ellos y de su idioma. Hay académicos que proponen que los **vascos** modernos son sus descendientes aunque no hay prueba absoluta de esto. Más o menos mil años antes de Cristo, hay gente **céltica** que entra a la Península desde el norte, creando una fusión de razas; esta gente se conoce ahora como los **celtíberos**. Algunas palabras célticas que se han incorporado en el castellano son las siguientes:

caballo	carro	flecha	vasallo
gato	cerveza	pieza	cambiar
camisa	camino	roca	

Los cartagineses

Poco después, se cree que los **cartagineses** llegan al sur de la Península. Muy poco del idioma de esta gente fenicia queda como evidencia en el español actual.

Los griegos

El primer grupo colonizador en la Península son los **griegos**, los cuales llegan a la región en el séptimo siglo antes de Cristo. Hay muchas palabras de origen griego en el español actual, particularmente en los campos de la ciencia, el arte y el gobierno. Algunos vocablos que son de origen griego antiguo, aunque muchos de ellos pasan por el latín al español son:

iglesia	masa	zodíaco
tumba	carta	cristal
bodega	ritmo	gobernar

A pesar de una buena selección de palabras griegas que entran al idioma español antiguamente, muchas palabras griegas se incorporan al español mucho más tarde como vocablos eruditos y científicos, o **cultismos**, particularmente durante el siglo XVI y después. Unos ejemplos de palabras griegas que pasaron al español en épocas relativamente modernas son:

programa	metropolitano	telescopio
fonógrafo	poema	gramática
astronomía	bautizar	fonología
frase	kilogramo	drama

Los romanos

El castellano, a pesar de las muchas influencias de otros pueblos e idiomas, es esencialmente un **idioma romance**, como se ha explicado en el **Capítulo 23**. La mayoría del vocabulario, el sistema fonológico y el sistema morfológico del español son de origen romano, aunque ha habido numerosos cambios e innovaciones lingüísticos a través de los siglos. Por ejemplo, la palabra latina SPECULUM se pronuncia [es.pé.xo] y se escribe *espejo* en el español moderno. Los **Capítulos 26–28** se dedicarán al análisis de algunas palabras del latín y cómo cambiaron a través de los siglos para llegar a ser vocablos españoles.

Los visigodos

En el quinto siglo después de Cristo hay una inmigración a la Península por parte de los **visigodos**, una tribu germánica. Aunque los visigodos controlan la región políticamente por más de dos siglos, el efecto de su idioma es mínimo en los dialectos romances de la Península. De hecho, los visigodos por lo general adoptan el idioma y la cultura hispanorromanos. Parece extraño, tal vez, que los conquistadores adopten el idioma de los conquistados, pero así sucede para aquel grupo debido a sus deseos aparentes de adaptarse a la cultura romana. Quedan, sin embargo, algunas palabras de origen germánico en el español moderno, especialmente varias que tienen que ver con actividades guerrilleras y políticas:

guerra	rico	ganso	bandera
espía	eslabón	sopa	banco
robar	ganar	bandido	falda

Los musulmanes: árabes y bereberes

El grupo con la mayor influencia lingüística en el español, con la obvia excepción de los romanos, es la gente **árabe** y **bereber** que llega al sur de la Península en el año 711: los **musulmanes** del África del Norte. Esta gente logra conquistar casi la Península entera. En las regiones controladas por estos grupos se desarrolla un ambiente multilingüe en que se habla tanto el árabe y el romance como el **mozárabe**, dialecto que emplean los cristianos que desean asociarse con la lengua y la cultura de los musulmanes. El nombre de este dialecto fácilmente podría darnos la idea equivocada que se trata del idioma árabe. Aunque esto no es el caso, estos cristianos incluyen vocabulario árabe al hablar su dialecto del romance. Por lo tanto, puesto que se habla el mozárabe en una gran parte de la Península Ibérica, hay una buena cantidad de vocabulario de origen árabe que queda como parte del idioma castellano hoy en día, especialmente una cantidad significativa de palabras que comienzan en *al-*, el cual era el artículo definido en el idioma árabe. Unos ejemplos son los siguientes:

alcoba	aduana	alfombra	alfiler
almacén	almohada	alfalfa	aceite
ojalá	álgebra	adobe	naranja

Como se puede notar, mucho de este vocabulario árabe tiene que ver con el comercio, la construcción y la agricultura.

Influencias europeas

Ha habido un sinfín de otras influencias lingüísticas más modernas en el español. Hay muchas palabras que proceden, por ejemplo, de idiomas europeos, y particularmente del inglés en épocas modernas, como en los siguientes casos:

el inglés: líder, bar, Internet   **el francés:** ballet, champiñón, filete
el italiano: ópera, piano, espaguetis   **el alemán:** vals, kinder/kindergarten, kirsch

Influencias indígenas

También ha habido una cantidad de vocabulario adoptado de idiomas indígenas de las Américas, como en los siguientes ejemplos:

el náhuatl (México):   tomate, cacahuate, chocolate
el maya (Mesoamérica):   cenote, cigarro
el taíno (el Caribe):   maíz, huracán, maní
el quechua (región andina):   papa, coca, llama, mate
el guaraní (Paraguay):   yacaré, colibrí, jaguar

Idiomas y dialectos modernos de la Península

Como se indicó ya en el **Capítulo 23**, hoy en día hay cuatro idiomas romances que se hablan en la Península Ibérica. Repasando, éstos son el **castellano**, el **portugués**, el **gallego** y el **catalán**. Además hay dos otros idiomas o variantes romances regionales: el **leonés** y el **aragonés**. También se habla el **vascuence** al norte de la Península, el idioma que no tiene como pariente cercano ningún otro idioma conocido. Se recordará también que el español se divide en dos dialectos principales en la Península Ibérica: el castellano y el **andaluz**. (Consulte el mapa abajo para identificar las varias regiones lingüísticas.) Todos estos diferentes idiomas y dialectos romances se desarrollan del latín, en formas distintas debido al relativo aislamiento geográfico los unos de los otros. Además, cada uno se distingue de los demás a causa de las diferentes influencias lingüísticas contribuidas por otros pueblos e idiomas presentes en las varias regiones.

Práctica

Pueblos e idiomas claves en el desarrollo del español. En orden cronológico, nombre los pueblos y/o idiomas que han influido en el desarrollo del español. Dé unos ejemplos para cada pueblo/idioma mencionado. ¿Puede Ud. dar un ejemplo original para uno o más de los pueblos/idiomas?

_____

_____

_____

_____

_____

_____

_____

_____

_____

_____

Aplicación

Vocabulario adoptado. Repase las listas de vocabulario de los varios pueblos/idiomas mencionados en este capítulo y dé ejemplos en que el inglés (u otro idioma) tiene cognados para estos vocablos. ¿Hay casos en que Ud. pudiera explicar cómo es que el inglés tuvo contacto con el pueblo/idioma indicado para poder adoptar palabras de éste? ¿Hay casos en que el inglés haya adoptado alguna palabra a través del español, aunque ésta no sea originaria del romance o del español? Hable con otros compañeros de clase para ver lo que sepan ellos de estos asuntos.

_____

_____

_____

_____

_____

_____

_____

Capítulo 26

La pérdida, la aparición y la permutación de sonidos

La filología

Como ya se ha notado antes, la mayoría del vocabulario del español viene directamente del latín. El estudio de los cambios fonéticos y fonológicos latín-romance-español que tuvieron lugar a través del tiempo forma parte de un campo de estudio que se conoce como la **filología**. Ésta es una de las divisiones que se encuentran dentro de la **lingüística histórica**, la cual incluye también la sintaxis, la morfología, el léxico y la semántica históricos.

Casi todo lo que sabemos del latín se encuentra en forma escrita y en un estilo más elevado del que se hablaba entre la gente común. Sin embargo, mediante un documento que se conoce como el *Appendix Probi*, quizá del siglo III d.C., sabemos algo también del **latín vulgar**, el idioma oral del período. Este documento contiene listas comparativas de formas de vocablos en el latín clásico y en el vulgar. Este hecho nos ayuda bastante a entender cómo evolucionó el **latín clásico**. También nos ayuda el hecho de que hay una variedad de idiomas romances modernos, el estudio de los cuales nos enseña bastante acerca de la lengua latina y de cómo cambió a través de los siglos hasta que se establecieron (poco a poco) varios idiomas romances distintos. Cada uno de estos idiomas pierde ciertas características de su lengua materna, pero al mismo tiempo retiene otros aspectos. Por ejemplo, la vocal corta <Ĕ> del latín cuando se encuentra en sílabas tónicas llega a ser el diptongo <ie> en el español moderno, mientras que permanece como <e> en el portugués y en otros idiomas romances. (Compare la palabra *terra* del portugués y *tierra* del español.) Un estudio de los cambios fonéticos históricos del español facilitará una mayor comprensión de las características fonéticas y fonológicas del idioma moderno.

Para iniciar este estudio, hace falta comprender que hay procesos fonológicos históricos que ejercen su influencia en el desarrollo del español. En la filología, cada palabra del latín se suele representar con letras mayúsculas, por ejemplo, PATREM. El símbolo ">" se emplea para indicar que un sonido del latín cambia en el romance y/o en el español, por ejemplo, T > *d*, como en PATREM > *padre*. También conviene explicar aquí que son a menudo las formas del acusativo de los sustantivos del latín que más se asemejan a las formas correspondientes en español. (El acusativo era la forma especial del sustantivo que se empleaba cuando dicho sustantivo era el complemento directo en una oración.) Por lo tanto, aunque habrá excepciones, generalmente se emplearán las formas del acusativo tales como PATREM en esta unidad en vez de otras como PATER, la forma nominativa (o caso sujeto) de esta palabra.

Se analizarán primero varios procesos en que se *pierde* algún sonido o sonidos. Después, veremos algunos procesos mediante los cuales se *añade* algún sonido, y luego otros en que hay sonidos que *cambian de posición* dentro de las palabras. En los dos capítulos que siguen a éste, se presentarán procesos en que hubo cambios fonéticos regulares de sonidos y algunos otros cambios que representan excepciones a la norma, así como un análisis de los cambios que experimentó específicamente el sistema vocálico.

Naturalmente, todos estos cambios no ocurrieron de repente y de una vez. Típicamente tuvieron que pasar siglos para que cada cambio fonético llegara a ser completo y relativamente estable. También conviene observar que dichos procesos tuvieron lugar durante épocas distintas a través de más de dos mil años, en un orden que hasta cierto punto se puede documentar. Sin embargo, no es el propósito de esta unidad establecer ni el orden en que ocurrieron los cambios descritos ni el período de tiempo preciso a través del cual tuvo lugar cada uno. Para conseguir este tipo de información se puede acudir a obras mucho más completas sobre el tema de los cambios lingüísticos históricos, como las de Menéndez Pidal o Burt en la bibliografía. En algunos casos, se notará que, para que un proceso ocurriera, era necesario que otro proceso tuviera lugar primero. En tales casos será esencial considerar el orden histórico de los procesos. El propósito de la presente unidad es el de familiarizarse con los contrastes más destacados entre el español y su idioma materno, y así comprender mejor el sistema fonológico moderno del español.

La pérdida de sonidos

La aféresis

La aféresis es el proceso por el cual el sonido o los sonidos iniciales se pierden. El demostrativo ILLOS del latín, por ejemplo, llega a ser el artículo *los* del español. (¡El latín no tenía artículos, tal como en el caso del ruso moderno!)

La apócope

La apócope se refiere a la pérdida de cualquier sonido o combinaciones de sonidos en posición final de palabra: COLLOCARE > *colocar*. Este proceso es, tal vez, el más frecuente en la historia de la lengua española.

La síncopa

Cuando un sonido o más se suprime dentro de una palabra, se trata de la **síncopa:** CALIDUM > *caldo*. A veces puede perderse una sílaba entera dentro de la palabra, como en el caso de COMPUTARE > *contar*.

F > h > Ø (substrato)

Se cree que este fenómeno ocurre por la influencia de los idiomas **prerrománicos** en un dialecto romance. Tales influencias preexistentes se conocen como **substratos**. En otras palabras, se trata de un idioma que se ha establecido en la Península Ibérica antes de que el latín llegue allá. Luego, aquellas influencias lingüísticas pre-romanas ya existentes influyen en la pronunciación del latín vulgar. El substrato más conocido y más común entre éstos ha causado el cambio de la <F> inicial del latín a la <h> ([h]) de los dialectos romances de la península, y luego la desaparición total del sonido aunque permanece la <h> ortográfica. Este proceso se puedere representar de esta manera: F > h > Ø. (El símbolo cero [Ø] quiere decir *ningún sonido*.) Así se puede explicar el por qué de los siguientes ejemplos: FILIUM > *hijo* y FUGERE > *huir*.

Práctica

A. Identificación de cambios fonéticos históricos. En los siguientes pares de palabras (LATIN/*español*), identifique los procesos históricos evidentes en que se pierde algún sonido o sonidos. (Por el momento, no haga caso a otros procesos que no tengan que ver con la supresión de sonidos.)

Ejemplo: CALIDUM > *caldo*   I > Ø, síncopa; M> Ø, apócope

1. STUPIDUM > *estúpido*   _____
2. CASAM > *casa*   _____
3. FABULARE > *hablar*   _____
4. TIMEO > *temo* (I > e)   _____
5. POPULUM > *pueblo*   _____
6. SANCTUM > *santo*   _____
7. INSULAM > *isla*   _____
8. ILLA > *la*   _____
9. ILLE > *el* (I > e)   _____
10. REGINAM > *reina*   _____

B. Identificación de palabras españolas de la forma latina. Trate de predecir a qué palabras españolas modernas corresponden las siguientes palabras latinas.

Ejemplo: CASAM   > casa

1. APPREHENDERE   _____
2. CORPUS (O > *ue*)   _____
3. MENSEM   _____
4. FACERE   _____
5. GENTEM   _____
6. ILLUM   _____
7. MAGIS   _____
8. OPERA (P > *b*)   _____

La aparición de sonidos

La epéntesis

La epéntesis es el proceso mediante el que se agrega algún sonido dentro de una palabra, el cual no existía en la forma original de la palabra, por ejemplo: TONUM > *trueno,* en la cual la <r> es epentética. (Un fenómeno como O > *ue* lo llamaremos *diptongación* y se estudiará en el **Capítulo 27**.)

La prótesis

La prótesis, en cambio, se refiere al hecho de añadir un sonido al comienzo de una palabra: SCHOLAM > *escuela*. Se ve este fenómeno siempre que hay una palabra latina que comienza con <s> más otra consonante.

La permutación de sonidos

La metátesis simple

La metátesis simple es el proceso por el cual dos sonidos cambian de lugar de manera que llegan a ser sonidos contiguos. En el caso de SIBILARE, después de que desaparece la <i> de la segunda sílaba, *bl* > *lb* y resulta la palabra castellana *silbar*.

La metátesis recíproca

La metátesis recíproca es un proceso esencialmente igual al de la metátesis simple, con la excepción de que los dos sonidos no llegan a ser contiguos; siguen más bien en diferentes partes de la palabra como en el caso de PARABOLAM > *palabra*. En este ejemplo la <r> y la <l> sufren una permutación aunque nunca son contiguas.

Práctica

C. **Identificación de cambios fonéticos históricos.** En los siguientes pares de palabras (LATIN/*español*), identifique los procesos históricos evidentes en que *se pierde, aparece o cambia de lugar* algún sonido o sonidos. (Por el momento, no haga caso a otros procesos que no tengan que ver con éstos.)

Ejemplo: SCRIBERE > escribir   E > Ø, apócope; Ø > *e*, prótesis

1. SEMPER > *siempre*
2. ALTUM > *alto*
3. PONO > *pongo*
4. STADIUM > *estadio*
5. PATREM > *padre*
6. VIDEO > *veo*
7. NOMEN > *nombre*
8. MENSEM > *mes*
9. FUGITUM > *huido* (T > *d*)
10. SCRIPTUM > *escrito*

D. Identificación de palabras españolas de la forma latina. Trate de predecir a qué palabras españolas modernas corresponden las siguientes palabras latinas.

1. MATREM   _____
2. TUAM   _____
3. FUMUM (sustantivo) _____
4. STELLAM   _____
5. SPLENDIDUM   _____
6. PROMPTUM   _____

Aplicación

Algunos procesos evidentes en dialectos del español moderno. Según la experiencia que Ud. haya tenido con hispanoparlantes (en sus grabaciones, etc.), ¿puede identificar algunos procesos entre los de este capítulo que sean activos en algún dialecto del español moderno? Por ejemplo, en algunos dialectos, especialmente en los de las tierras bajas, hay personas que no pronuncian la <d> intervocálica, por ejemplo: *cansado* [kan.sá.o] o aún [kan.sáu̯]. Esto sería un ejemplo moderno de la *síncopa*. ¿Qué otros procesos modernos se le ocurren? (Ud. podría escuchar algunas de las grabaciones en el CD.) Compare su análisis con el de otros estudiantes.

_____

_____

_____

_____

_____

_____

_____

_____

_____

Capítulo 27

Cambios históricos de sonidos

Los sonidos que resultan ser distintos de su forma original

En el capítulo anterior se presentaron ocho procesos en que los sonidos se pierden, aparecen o cambian de lugar. En contraste con esos procesos, los del presente capítulo tratan casos en que los sonidos cambian, llegando a ser sonidos distintos a través del desarrollo del español.

La alteración de sonidos de su forma original

La asimilación

Ya se ha estudiado bastante el fenómeno de la asimilación en varios capítulos anteriores. La definición en el sentido histórico es igual: el proceso en que un sonido cambia de modo que resulta ser más similar a otro sonido vecino. La asimilación puede ser **parcial**, por ejemplo, COMPUTARE > *comtar* > *contar* en que la consonante nasal bilabial llega a ser dental por causa de la <t>. También puede ser **completa** como en el caso de MENSAM > *mesa* en el cual la consonante nasal desaparece totalmente, asimilándose con la <s> después de una etapa intermediaria en la que la <S> toma sobre sí la sonoridad de la <N>: [mé.za]. Además, la desaparición de la <N> aquí podría considerarse como un caso de la síncopa.

Hay tres tipos de asimilaciones:

- **regresiva:** Un sonido cambia asimilándose con el sonido que le sigue: COMPUTARE > *comtar* > *contar*. (La asimilación regresiva, como ya se sabe, es todavía muy activa en el español moderno. Por ejemplo, el nasal /n/ se convierte en el alófono velar de la palabra *ángel* [áŋ.xel].)
- **progresiva:** Un sonido cambia asimilándose al sonido que le precede: PALUMBAM > *paloma* (MB > *mm* > *m*). Aquí la asimilación es completa porque la <b> ha desaparecido totalmente y <mm> se simplifica después, lo que también podría ser caracterizado como un caso de síncopa.
- **no-contigua:** Un sonido cambia debido a otro sonido no-contiguo dentro de la palabra: POLIRE > *pulir*. En este caso la vocal posterior *media* [o] llega a ser *alta*, influida por la vocal alta [i] de la próxima sílaba. Este proceso también es bastante activo en el idioma moderno, como en el caso de *durmió* en que la <o> de la raíz (*dorm-*) cambia a [u], influida por la semivocal palatal [j] de la última sílaba: [dur.mjó].

Un caso especial de la asimilación es éste: C′L > *j*, o sea, [x]. Este proceso ocurre, por ejemplo, en SPECULUM > *espejo* después de que desaparece la primera <U> (síncopa), dejando la combinación romance <c′l> que a través del tiempo y después de una serie de asimilaciones que no exponemos aquí, se convierte en [ʒ] y luego en [x], representando ortográficamente con <j>. Se podrían usar los términos **velarización** y **fricatización** para describir este fenómeno en vez de indicar que es un tipo de asimilación, puesto que las varias asimilaciones en que C'L al fin y al cabo llega a ser <j> no son aparentes sin un estudio más extenso de este fenómeno.

La disimulación

La disimulación es el opuesto al de la asimilación. Es decir que un sonido cambia de manera que resulta ser *menos semejante* a otro sonido dentro de la palabra, supuestamente para evitar lo que de otro modo sería una cacofonía de sonidos: ARBOREM > *árbol.* En este ejemplo hay dos sonidos vibrantes en sílabas contiguas originalmente. Para evitar esta repetición, el segundo vibrante cambia a ser un lateral (R > *l*). Para algunos angloparlantes, algo similar ocurre en los casos de *chimney* (con los dos nasales) y *frustrate* (con los dos aproximantes <r>) que llegan a pronunciarse como *chimley* y *flustrate,* respectivamente.

La bajada vocálica o "centralización"

El término **centralización** puede confundirse fácilmente con el término **central**, el que se emplea como parte de la descripción fonética de la vocal [a]. Se aprendió antes que una vocal central es una que no es anterior ni posterior. Tiene otro significado, sin embargo, en el contexto del estudio tradicional de la lingüística histórica. Aquí se refiere a una vocal que cambia para *no ser ni alta ni baja*. Podemos evitar esta confusión usando el término *bajada vocálica*. Sin embargo, tradicionalmente se suele aplicar el término *centralización,* indicando una vocal alta que llega a ser media: I > *e* y U > *o.* Dos ejemplos son: BOTICAM > *bodega* y ALTUM > *alto.*

La monoptongación

Mediante **la monoptongación** se crea una articulación de la vocal media [o] en lugar de un diptongo que contiene la vocal baja [a] y la semivocal (vocal alta) [u̯]: AU > *o,* PAUCUM > *poco.* Parece lógico que una combinación de dos vocales, una baja y otra alta, se simplifique para ser una vocal media (entre las dos originales en el triángulo vocálico) sencilla.

La diptongación

Uno de los fenómenos más frecuentes en el desarrollo del español es el hecho de que las dos vocales cortas Ĕ y Ŏ del latín se conviertan en diptongos en el español: Ĕ > *ie,* SĔMPER > *siempre*; Ŏ > *ue,* NŎVUM > *nuevo.* (Hay que notar que la vocal tónica se ha subrayado.) Esta **diptongación** sólo ocurre en los casos en que estas dos vocales cortas del latín aparecen en sílabas tónicas. Esto explica las variaciones que aparecen en, por ejemplo, el verbo DORMIRE > *dormir: duermo, duermes, duerme, dormimos, dormís, duermen* donde el diptongo <ue> aparece sólo en las sílabas tónicas.

La sonorización

Cuando una consonante sorda del latín resulta ser sonora en español, esto es un caso de **sonorización**. Este fenómeno se nota especialmente en posición intervocálica dentro de la palabra con las consonantes /p, t, k/ del latín: BOTICAM > *bodega* (/t/ > /d/; /k/ > /g/) y SCOPAM > *escoba* (/p/ > /b/).

La fricatización

La fricatización va mano en mano con el proceso de la sonorización, porque, como ya se sabe, los fonemas oclusivos sonoros /b, d, g/ tienen un alófono aproximante o fricativo que se emplea en posición intervocálica y en otros ambientes fonéticos. Por lo tanto, después de sufrir la sonorización, hubo después también una fricatización: BOTICAM > [bo.dé.ga] (sonorización) > [bo.ðé.ɣa] (fricatización).

Otro caso de la fricatización ocurrió en casos de C > c ([k] > [s] / [θ]) después de pasar por una etapa de palatalización. (Véase abajo para una explicación de la palatalización.) Por ejemplo, CAELUM [kái̯.lum] > [ʧjé.lo] > *cielo* [sjé.lo] / [θjé.lo].

La palatalización

Hay varias combinaciones consonánticas que se reducen a una sola consonante palatal o alveopalatal. Entre las que sufrieron tal cambio son:

NN > *ñ*	ANNUM > *año*
LT > *ch*	MULTUM > *mucho*
GN > *ñ*	SIGNAM > *seña*
CT > *ch*	LACTE > *leche*
PL > *ll*	PLUVIAM > *lluvia*
CL > *ll*	CLAMARE > *llamar*
FL > *ll*	FLAMMAM > *llama*

La **palatalización** es, en realidad, un caso especial de **asimilación**. Además, muchos de estos elementos palatales forman lo que se conoce como **yod**, la cual tiene unos efectos muy importantes sobre el desarrollo del sistema vocálico del español, como se verá en el **Capítulo 28**.

La simplificación

La simplificación es el proceso mediante el que dos sonidos se combinan de manera que resulta un tercer sonido. La monoptongación (página 170) es un ejemplo de esto (AU > *o*). También la palatalización representa una simplificación, como se puede notar en los ejemplos para ese proceso. La simplificación también es un tipo de **asimilación completa** en el sentido de que resulta haber un sonido menos. Además, la reducción de consonantes geminadas (dobles), cuya articulación era más "larga" que la de las consonantes sencillas, puede considerarse otro caso de simplificación: CUPPAM > *copa*.

La vocalización

La vocalización describe el fenómeno en que una consonante del latín se convierte en una vocal del español. El caso más frecuente que exhibe el español moderno es B > *u*: ABSENTIAM > *ausencia*. ¿Cuál será la explicación de que la <B> llega a ser <u> y no otra vocal? ¿Qué aspecto fonético tienen en común? Piense en la posición de los labios.

Práctica

A. Identificación de cambios fonéticos históricos. En los siguientes pares de palabras (LATIN/*español*), identifique todos los procesos históricos evidentes que se han estudiado en los **Capítulos 26 y 27,** indicando siempre el cambio específico y el nombre del proceso en la manera en que se hizo en las **Prácticas A** y **C** del **Capítulo 26.**

1. BOTICAM > *bodega*

2. MULTUM > *mucho*

3. PAUCAM > *poca*

4. CLAMARE > *llamar*

5. PORTUM > *puerto*

6. DEXTRAM > *diestra* (X=[ks])

7. CANNAM > *caña*

8. CAPITALE > *cabdal* > *caudal*

9. ARBOREM > *árbol*

10. SCHOLAM > *escuela* (CH = [k^h], o sea, con bastante aspiración)

B. Identificación de palabras españolas de la forma latina. Trate de predecir a qué palabras españolas modernas corresponden las siguientes palabras latinas, tal como se hizo en las **Prácticas B** y **D** del **Capítulo 26.**

1. SCOPAM
2. NOSTRUM
3. AQUAM
4. AUCTORITATEM
5. NOCTE
6. VENTUM
7. SEMPER
8. SCRIPTUM
9. AUTUMNUM
10. ANIMA (Hay una disimilación.)

Casos excepcionales

Los siguientes procesos pueden explicar casos en que los cambios aparentemente no parecen seguir las susodichas reglas normales.

La analogía

A veces una palabra evoluciona de una manera inesperada debido a una asociación con otra/s palabra/s similar/es. Por analogía con esta/s otra/s forma/s, dicha palabra no experimenta una evolución totalmente predecible. Ése es el caso, por ejemplo, con la palabra *diezmar*. Hay que tener en cuenta que el diptongo <ie> sólo resulta normalmente de la <E> corta del latín en sílabas *tónicas*. Por lo tanto, aunque *diez* y *diezmos* son formas totalmente esperadas, la forma *diezmar* en que *diez-* no es la sílaba tónica no lo es. Pero por asociación con el número diez, supuestamente, resulta un desarrollo anormal. Otro ejemplo es AUSCULATARE > *escuchar*, en que lo normal habría sido la monoptongación/simplificación AU > *o*, lo que habría dado el resultado de AUSCULTARE > **oscuchar*. Sin embargo, como hay pocos verbos que comienzan con [osk] y muchos más que comienzan con [esk], por analogía con estas otras formas resulta la palabra *escuchar* y no **oscuchar*.

Formas cultas y semicultas

Algunas de las palabras del latín que hoy en día se emplean en el español no sufrieron todos los cambios normales porque fueron reintroducidos en el idioma por eruditos siglos después de que estos cambios ya se habían llevado a cabo. Un ejemplo es COLLOCARE > *colocar*. Fuera del apócope de la <E> final, esta forma no se ha desarrollado prediciblemente, precisamente por ser una reintroducción o **cultismo**. Al mismo tiempo, hay una forma vulgar (no culta) que resulta de la misma palabra latina: COLLOCARE > *colgar*. Esta última palabra ha sufrido un cambio de significado así como los cambios fonéticos normales. Por lo tanto, la reintroducción de la original con el significado original tiene sentido. PLUMBUM > *plomo* es un ejemplo de un **semicultismo**. Esta palabra refleja los cambios normales para el idioma español con la excepción de la combinación consonántica <pl> al comienzo, la cual normalmente habría llegado a ser palatalizada, tal como sucedió en el caso de PLUVIAM > *lluvia*. Si PLUMBUM hubiera sufrido también este cambio, habría resultado **llomo* en vez de *plomo*.

Tradición ortográfica

A veces la ortografía de una palabra no refleja precisamente la manera en que se pronuncia. Esto es especialmente común en el inglés. En español el caso más común de esto se refleja en el ejemplo HONORARE > *honrar*. En la palabra latina la <H> representaba un sonido consonántico mientras que en español la <h> no tiene ningún valor fonético. A pesar de esto, sigue usándose la <h> por tradición ortográfica. Otro ejemplo se nota con la <p> de la palabra, originalmente griega, *psicología*. Esta letra, en este caso, también carece de valor fonético. Sin embargo, ya es permisible no incluir la <p> ortográfica: *sicología*. Otro ejemplo similar son las dos formas aceptables: *septiembre* y *setiembre*. Hasta el momento, sin embargo, no se permite dejar de incluir la <h> en la ortografía: **onrar*.

Aplicaciones

A. Cambios fonéticos en dialectos del español moderno. Según la experiencia que Ud. haya tenido con hispanoparlantes (en las grabaciones, etc.), ¿puede identificar algunos procesos (cambios fonéticos) explicados en este capítulo que sean activos en algún dialecto del español moderno? Por ejemplo, en algunos dialectos rurales de México, *buey* se pronuncia [gwei̯] o [ɣwei̯] y *abuela* sale [a.ɣwé.la] o aun [ɣwé.la]. O sea, /b/ > /g/ delante de [we]. Note otro/s ejemplo/s más. Compare su análisis con el de otro/a estudiante.

_____

_____

_____

_____

_____

_____

_____

_____

_____

B. Buscando cultismos. Acuda a un diccionario del latín en la biblioteca. Busque por lo menos cuatro palabras latinas (ejemplos originales) que parezcan iguales o casi iguales a palabras españolas. ¿Le parece que las palabras en español son cultismos o semicultismos? Apoye su conclusión, señalando los procesos normales que *no* se hayan aplicado a las formas cultas que Ud. haya encontrado.

_____

_____

_____

_____

Capítulo 28
El desarrollo del sistema vocálico

Correspondencias vocálicas normales

En el latín había un contraste fonémico entre las cinco vocales largas y las cinco cortas: Ā/Ă, Ē/Ĕ, Ī/Ĭ, Ō/Ŏ y Ū/Ŭ. Algunas de las cinco vocales largas llegan a ser cerradas en el romance, mientras que algunas cortas resultan ser abiertas. Estos contrastes fonémicos se pierden totalmente en el español moderno, habiendo sólo cinco sonidos vocálicos que tienen valor fonémico, más dos diptongos que se originan de dos de las vocales cortas del latín.

Latín Clásico	Romance	Español	Ejemplos
Ă	a	a	DĂTUM > *dado*
Ā	a	a	PRĀTUM > *prado*
Ĕ	e (abierta)	ie (tónica) / e (átona)	SĔMPER > *siempre* / SĔMPITERNUM > *sempiterno*
Ē	e (cerrada)	e	TĒLAM > *tela*
Ĭ	e (cerrada)	e	AURĬCULAM > *oreja*
Ī	i	i	PERĪCULUM > *peligro*
Ŏ	o (abierta)	ue (tónica) / o (átona)	PŎPULUM > *pueblo* / PŎPULARITATEM > *popularidad*
Ō	o (cerrada)	o	NŌMEN > *nombre*
Ŭ	o (cerrada)	o	CŬPPAM > *copa*
Ū	u	u	CRŪDELITATEM > *crueldad*

Práctica

A. **Vocales latinas y españolas.** Para cada vocal que está indicada como corta o larga en latín, indique a qué vocal corresponde ésta en español. Las vocales tónicas están subrayadas. Luego, escriba la palabra correspondiente en español.

Ejemplo: TĔRRAM   Ĕ (tónica) > *ie*: tierra

1. AMĪCUM _____
2. PĔRĬCULUM _____
3. TŌTUM _____
4. NŎVUM _____
5. PŎPULUM _____
6. SŬCCŬRRUM _____

La influencia de la yod en el sistema vocálico

Hay un fenómeno fonético histórico que se conoce como la **yod** (llamada así por una letra hebrea que representa un sonido palatal), la cual causa que algunas de las vocales evolucionen de forma distinta a la descrita antes. La yod se define como cualquier semivocal o semiconsonante palatal, es decir, [i̯] o [j]. Hay varias combinaciones consonánticas en el latín que causan este tipo de palatalización en algunas idiomas romances, lo cual afecta a la articulación de la vocal *en la sílaba anterior.* En LACTE, por ejemplo, la combinación pasa por estas etapas: [kt] > [i̯t] > [ʧ], produciendo una consonante alveopalatal. (Se puede notar que, para articular [kt], la lengua tiene que encontrarse en una posición relativamente alta, lo cual facilita el fenómeno [kt] > [i̯t].) La presencia del sonido palatal resultante causa que la [a] de la sílaba anterior se convierta en [e], una vocal más alta. La palabra probablemente pasa por estas fases: LACTE > [láí̯.te] > [léí̯.te] > *leche.* El cambio [a] > [e] es un tipo de asimilación regresiva puesto que la lengua queda en una posición más alta en anticipación de la yod, y se conoce como el **alzamiento vocálico.**

El siguiente cuadro es un esquema de los cambios vocálicos que ocurren, mediante una asimilación regresiva *con* y *sin* la presencia de una yod.

Latín	Español sin yod	Español con yod	Ejemplos (de sólo vocales influídas por una yod)
Ă	a	e	Ă > *e* ĂXEM > *eje*
Ā	a	a	
Ĕ	ie (tónica) e (átona)	e	Ĕ > *e* LĔCTUM > *lecho* (y no **liecho*)
Ē	e	i	Ē > *i* CĒREUM > *cirio*
Ĭ	e	i	Ĭ > *i* PĬCTURAM > *pintura* (y no **pentura*)
Ī	i	i	
Ŏ	ue (tónica) o (átona)	o/u	Ŏ > *o* FŎLIAM > *hoja* (y no **hueja*) Ŏ > *u* PŎLIRE > *pulir*
Ō	o	o	
Ŭ	o	u	Ŭ > *u* MŬLTUM > *mucho* (y no **mocho*)
Ū	u	u	

Como se puede observar en esta tabla, con la excepción de la Ē, las vocales largas no se dejan afectar por la yod. Generalmente, las vocales altas Ĭ y Ŭ no se centralizan a [e] y [o] si hay una influencia de la yod (como en ejemplos 1 y 2 en la próxima página). Las vocales medias Ĕ y Ŏ, además, no sufren la diptongación a [je] y [we] (como en ejemplos 3 y 4), lo que ocurre de costumbre sin la influencia de la yod en sílabas tónicas. Las vocales Ŏ (en unos casos), Ă y Ē experimentan un alzamiento a [u], [e] e [i], respectivamente (como en ejemplos 5, 6 y 7). La yod, entonces, puede tener una de tres posibles influencias sobre el desarrollo de las vocales del español.

- Causa que la **centralización** de la Ĭ y la Ŭ *no* ocurra.

  1. Ĭ > *i*   PĬCTURAM > *pintura*
  2. Ŭ > *u*   MŬLTUM > *mucho*

- Causa que la **diptongación** de la Ĕ y la Ŏ *no* ocurra.

  3. Ĕ > *e*   LĔCTUM > *lecho*
  4. Ŏ > *o*   FŎLIAM > h*oja*

- Causa el **alzamiento** de la Ă > e, y a veces de la Ē > i y de la Ŏ > u, o sea que la vocal baja corta llegue a ser media y algunas de las vocales medias pueden llegar a ser altas.

  5. Ă > *e*   ĂXEM > *eje* y PRIMĂRIUM > *prim*e*ro*
  6. Ē > *i*   CĒREUM > *cirio*
  7. Ŏ > *u*   PŎLIRE > *pulir*

Conviene observar que la yod a veces ya está presente en el latín en forma de la semiconsonante [j] (como en el ejemplo 4) o la semivocal [i̯], o que tiene que resultar de combinaciones consonánticas latinas como [kt], [lt], [kl] o [ks] (<x>). El sonido correspondiente español después de una simplificación de [kt] o de [lt], como queda descrita en el primer párrafo de esta sección sobre la yod, es típicamente [tʃ]. (Véase ejemplos 2 y 3.) La consonante [x] a menudo resulta de la combinación latina simplificada [ks] (como en el ejemplo 5 (*eje*), o a veces <C′L>, como en el caso de SPECULUM > *speclum* > *espejo*. Además, hay combinaciones latinas, como <NN>, <GN> y <LL>, que resultan en consonantes simples palatalizadas, [ɲ] para las primeras dos, y [j] o [ʎ] para la última, las cuales también pueden demostrar las influencias típicas de la yod (aunque no siempre).

Es esencial notar que los varios tipos de yod se desarrollaron en épocas distintas a través de los siglos y en un orden bastante bien documentado, tal como es el caso con los demás procesos fonéticos que quedan citados en los capítulos de la presente unidad. Sin embargo, aquí no se le pide a Ud. que aprenda o que observe un orden cronológico al citar los varios procesos. La persona interesada puede consultar una de las obras citadas anteriormente de la bibliografía para este tipo de información.

Práctica

B. **Identificación de los cambios fonéticos históricos.** Como primer paso, identifique todas las palabras latinas con yod de la siguiente lista; base su análisis en la evidencia moderna que existe según la forma de la palabra española. Normalmente, la sílaba tónica de la palabra latina será la misma que la sílaba tónica correspondiente en español, lo que a menudo es importante considerar para determinar si una yod ha influido históricamente.

Como segundo paso, cite e identifique todos los procesos que se han estudiado a través de la **Unidad 8** que son evidentes en los siguientes pares de palabras. Recuerde que en algunas instancias es necesario identificar *un* proceso antes de que se pueda identificar *otro*. Por ejemplo, la sonorización de la <T> (T > *d*) ocurre antes de que pueda haber una fricatizacaión (*d* > [ð]); la síncopa de la primera <U> de SPECULUM tiene que ocurrir antes de que sea posible la simplificación consonántica C′L > *j*, etc.

Ejemplo: NOVEMBRE > *noviembre*   ¿Yod? *No hubo yod.*

    a.   E > ie, diptongación (**¡Ojo!** Tenía que ser "Ĕ", no "Ē".) _____

1. LACTUCAM > *lechuga*   ¿Yod? _____

    a. _____

    b. _____

    c. _____

    d. _____

    e. _____

2. AURICULAM > *oreja*   ¿Yod? _____

    a. _____

    b. _____

    c. _____

    d. _____

    e. _____

3. OVUM > *huevo* (sin considerar la diferencia fonética entre V/*v*)

                                                ¿Yod? _____

    a. _____

    b. _____

    c. _____

    d. _____

4. SPECTATOREM > *espectador*   ¿Yod? _____

    a. _____

    b. _____

    c. _____

    d. _____

5. FURNUM > *horno*   ¿Yod? _____

    a. _____

    b. _____

    c. _____

    d. _____

6. FERRAMENTA > *herramienta*   ¿Yod? _____

    a. _____

    b. _____

7. OFFŌCARE > *ahogar* (*ahoga*, etc.)   ¿Yod? _____

    a. _____

    b. _____

    c. _____

    d. _____

    e. _____

8. CIVITATEM > *ciudad* ¿Yod? _____

(**¡Ojo!** Aquí V > *u* no representa ningún cambio como estas letras representan el mismo fonema en los dos idiomas.)

a. _C > c ([k] > [s/θ])_ _____

b. _____

c. _____

d. _____

e. _____

9. PRIMARIUM > *primero* ¿Yod? _____

a. _____

b. _____

c. _RI > ir_, metátesis simple

d. _ai >_ _____

10. FACTUM > *hecho* ¿Yod? _____

a. _____

b. _____

c. _____

d. _____

e. _____

11. CARAMELLUM > *caramillo* ¿Yod? _____

a. _____

b. _____

c. _____

d. _____

12. LITTERARIUM > *letrero* ¿Yod? _____

a. _____

b. _____

c. _RI >_ _____

d. _____

e. _____

f. _____

g. _____

13. PLANCTUM > *llanto* ¿Yod? _____

a. _____

b. _____

c. _____

d. _____

14. PĔCTUS > *pecho*   ¿Yod? _____

   a. _____

   b. _____

   c. _____

   d. Ĕ > *e* (y no > ____) a causa de _____

15. LACTE > *leche*   ¿Yod? _____

   a. _____

   b. _____

16. ŎCULUM > *ojo*   ¿Yod? _____

   a. _____

   b. _____

   c. _____

   d. _____

   e. Ŏ > _____

17. NOVEM > *nueve*   ¿Yod? _____

   a. _____

   b. _____

18. TĔPIDUM > *tibio*   ¿Yod? _____

   a. _____

   b. _____

   c. _____

   d. _____

   e. _____

   f. _____

19. DECIMARE > *diezmar*   ¿Yod? _____

   a. _____

   b. _____

   c. _____

   d. _____

20. COLLOCARE > *colgar*   ¿Yod? _____

   a. _____

   b. _____

   c. _____

   d. _____

   e. _____

21. COLLOCARE > *colocar*   ¿Yod? _____

   a. _____

   b. _____

   c. No hay más cambios a causa de que _____

Aplicación

Influencia moderna de la yod. En este capítulo se ofrece el ejemplo de la influencia de la semiconsonante palatal en el sistema verbal: *dorm- > durm-*, por influencia de la semiconsonante [j]: [dur.mjó]. Haga un análisis del sistema verbal moderno. ¿Qué diferentes clases de verbo (**-ar, -er** o **-ir**) sufren este tipo de cambio? ¿Qué le pasa a la vocal <e> en la raíz de esta clase de verbos? ¿Qué formas en qué tiempos (*tenses*) quedan afectadas por este tipo de cambio? Presenten sus conclusiones en grupos pequeños.

_____
_____
_____
_____
_____
_____
_____
_____
_____
_____

Repaso

Unidad 8
Capítulos 25–28

En una hoja de papel aparte, conteste, comente y/o dé ejemplos, según las instrucciones.

1. Nombre las influencias lingüísticas *pre-romanas* en la Península Ibérica, y para cada una dé dos o tres ejemplos de palabras que se originen con estos pueblos o idiomas antiguos, siempre que sea posible.
2. Nombre varios pueblos o idiomas *post-romanos* que influyen en el idioma español. Para cada uno dé dos o tres ejemplos de palabras que se originen con estos pueblos o idiomas.
3. Explique lo que es el mozárabe. Nombre los idiomas y algunos dialectos romances que se hablan actualmente en la Península Ibérica. ¿Cuál de éstos *no* es un idioma romance? Explique cómo resultó que hay varios idiomas y dialectos romances en la Península Ibérica.
4. Defina o explique los términos: **filología, látín vulgar** y **Appendix Probi.**
5. Sigue una lista de los diferentes procesos y fenómenos explicados en los **Capítulos 26–28** en orden alfabético. Defina o explique cada proceso/fenómeno y dé por lo menos un ejemplo (LATIN > *español*) que lo ilustre en los espacios en blanco.

analogía: _____

_____

aféresis:_____

_____

apócope: _____

_____

asimilación: _____

_____

centralización: _____

_____

diptongación: _____

_____

disimilación:_____

_____

epéntesis: _____

_____

fricatización:_____

_____

forma culta/semiculta: _____

_____

metátesis: _____

_____

monoptongación: _____

_____

palatalización: _____

_____

prótesis: _____

_____

simplificación: _____

_____

sonorización: _____

_____

F > h > Ø (substrato): _____

_____

síncopa_____

_____

tradición ortográfica: _____

_____

vocalización:_____

_____

yod: _____

_____

6. Explique las diferencias entre el sistema vocálico del latín y el del español. ¿Cuántos fonemas vocálicos hay en cada idioma?

7. Explique cuáles son los tres posibles efectos que puede tener la yod históricamente sobre las vocales del español. Ilustre cada efecto con dos o tres ejemplos.

Apéndice 1

Los alófonos consonánticos del español

lugar → sonoridad → modo ↓	bilabial sd sn	labiodental sd sn	dental sd sn	alveolar sd sn	alveopalatal sd sn	palatal sd sn	velar sd sn	uvular sd sn
oclusivo	p b		t d				k g	
fricativo o aproximante†	β	f	θ ð	s z s̺* z̺*	ʃ ʒ	ç ʝ	x ɣ	χ ʁ
africado					ʧ	ɟ		
nasal	m	ɱ	n̪	n	ń	ɲ	ŋ	
lateral			l̪	l	ĺ	ʎ		
vibrante simple				ɾ				
vibrante múltiple				r				
semiconsonante						j	w	

sd: sordo

sn: sonoro

  *: apical, retroflejo, post-alveolar

  †: sólo para [β, ð, ɣ]

Apéndice 2

Los fonemas consonánticos del español

lugar → sonoridad → modo ↓	bilabial sd sn	labiodental sd sn	dental sd sn	alveolar sd sn	alveopalatal sd sn	palatal sd sn	velar sd sn	uvular sd sn
oclusivo	p b		t d				k g	
fricativo		f	θ†	s ʂ*†	ʃ† ʒ†		x	χ† ʁ†
africado					ʧ			
nasal	m			n		ɲ		
lateral				l		ʎ†		
vibrante simple				ɾ				
vibrante múltiple				r				
semiconsonante						j		

sd: sordo
sn: sonoro
  *: apical, retroflejo, post-alveolar
  †: fonema para una minoría de hispanoparlantes

Apéndice 3

Las oraciones leídas en el CD

Las siguientes son las oraciones que leen los hispanohablantes en el CD que acompaña este texto. Contienen los ambientes fonéticos necesarios para poder analizar todos los fonemas del español y sus alófonos correspondientes, según la manera en que los emplee cada hablante. Al escucharlas, uno puede concentrarse en el habla de cualquier hablante individual o se podría seleccionar una oración en particular y comparar su articulación por varias personas en el CD.

1. Pablo Tenorio cubrió la comida para que no se enfriara.
2. El abogado boliviano de Cochabamba ganó mucho dinero el mes pasado.
3. Seis deportistas de esas dos naciones van a competir en un campeonato de esgrima.
4. Un gitano de Zaragoza cerró temprano su tienda.
5. ¿Hubo unos literatos muy famosos en Chile y en Yugoslavia?
6. El joven alto, quien se llama Guillermo, llegó al llano ayer.
7. Hay mucha gente que está saliendo y mucha que está viniendo.
8. Roberto se compró un perro sarnoso para espantar a las ratas.
9. ¿Cómo estudiáis en ese edificio oscuro todo el día?
10. Hay que poner ese hielo en un vaso antes de que se derrita.

Obras consultadas

American Association of Teachers of Spanish and Portuguese. 1999. *"Standards for Learning Spanish." ACTFL. Standards for Foreign Language Learning in the 21ˢᵗ Century.* Lawrence, Kansas: Allen Press.

American Council on the Teaching of Foreign Languages. 1999. *Standards for Foreign Language Learning in the 21ˢᵗ Century.* Lawrence, Kansas: Allen Press.

Alarcos Llorach, E. 1964. *Fonología española.* Madrid: Editorial Gredos.

Azevedo, Milton M. 1992. *Introducción a la lingüística española.* Englewood Cliffs, N.J.: Prentice Hall.

Barrutia, Richard y Armin Schwegler. 1994. *Fonética y fonología españolas: teoría y práctica.* New York: John Wiley & Sons.

————, y Tracy D. Terrell. 1982. *Fonética y fonología españolas.* New York: John Wiley & Sons.

Bull, William E. 1965. *Spanish for Teachers.* New York: The Ronald Press Company.

Burt, John R. 1980. *From Phonology to Philology.* New York: University Press of America.

Craddock, Jerry R. 1981 "New World Spanish." *Language in the USA.* Eds. Charles A. Ferguson, Shirley Brice Heath, et al. Cambridge: Cambridge University Press.

Dalbor, John B. 1997. *Spanish Pronunciation.* 3rd ed. Fort Worth: Holt, Rinehart and Winston.

Face, Timothy L. 2002. *Intonational Marking of Contrastive Focus in Madrid Spanish.* Munich: Lincom Europa.

Harris, James W. 1969. *Spanish Phonology.* Cambridge, Mass.:The M.I.T. Press.

Hualde, José Ignacio. 2002. "Intonation in Spanish and the Other Ibero-Romance Languages: Overview and Status Quaestionis." *Romance Phonology and Variation.* Eds. Carolyn Wiltshire and Joaquim Camps. Amsterdam: John Benjamins. 101–116.

Hyman, Larry M. 1975. *Phonology: Theory and Analysis.* New York: Holt, Rinehart and Winston.

Ladefoged, Peter. 1975. *A Course in Phonetics.* New York: Harcourt Brace Jovanovich, Inc.

Menéndez Pidal, R. 1973. *Manual del gramática histórica española.* 14th ed. Madrid: Espasa-Calpe, 1973.

Moffett, Oren E. 1973. *Practical Spanish Phonetics.* Ogden, Utah: Weber State College.

National K–12 Foreign Language Resource Center. 1997. *Bringing the Standards into the Classroom.* Ames, Iowa: Iowa State University.

Navarro Tomás, T. 1970. *Manual de pronunciación española.* 15th ed. Madrid: Raycar.

Quilis, Antonio y Joseph A. Fernández. 1997. *Curso de fonética y fonología españolas para estudiantes angloamericanos.* Madrid: Consejo Superior de Investigaciones Científicas.

Sosa, Juan Manuel. 1999. *La entonación del español.* Madrid: Ediciones Cátedra.

Spaulding, Robert K. 1943. *How Spanish Grew.* Berkeley: University of California Press.

Stockwell, Robert P., y J. D. Bowen. 1965. *The Sounds of English and Spanish.* Chicago: The University of Chicago Press.

Teschner, Richard V. 2000. *Camino oral.* 2nd ed. New York: McGraw-Hill.

Virgillo, Carmelo, L. Teresa Valdivieso y Edward H. Friedman. 1999. *Aproximaciones al estudio de la literatura hispánica.* 4th ed. New York: McGraw-Hill.

Zentella, Ana C. 1981. "Language Variety among Puerto Ricans." *Language in the USA.* Eds. Charles A. Ferguson, Shirley Brice Heath, et al. Cambridge: Cambridge University Press.

Glosario

A

abierto/a • Sinónimo de *bajo*, aunque *abierto* se refiere a un orificio relativamente amplio entre la lengua y el paladar o velo.

acento ortográfico • Símbolo (´) que se usa en el sistema ortográfico tradicional para indicar las excepciones a las reglas de acentuación, etc.

acentuación • Sistema por el que se determinan las sílabas tónicas o la distribución de éstas.

aféresis • Proceso por el cual se suprimen un sonido o sonidos al principio de una palabra.

africado/a • Consonante que manifiesta una oclusión seguida por una fricción audible dentro de la cavidad oral.

agudo/a • Palabra cuya sílaba tónica es la última.

alejandrino • Tipo de verso ("línea" de poesía) que contiene catorce sílabas.

aliteración • Repetición del mismo sonido varias veces en una serie de palabras, especialmente al principio de las palabras.

alófono • Manifestación o variante concreta de un fonema.

alto/a • Posición de la lengua en la que ésta se acerca de la región palatal o velar de la cavidad oral (boca).

alveolar • Articulación de una consonante por medio de una obstrucción audible producida por la lengua al punto de los alvéolos.

alvéolos • Lugar de articulación inmediatamente detrás de los dientes superiores.

alveopalatal • Articulación de una consonante por medio de una obstrucción audible producida por la lengua en un punto entre los alvéolos y el paladar.

alzamiento vocálico • Tipo de asimilación regresiva en la que la lengua queda en una posición más alta durante la articulación de una vocal en anticipación de una yod. Las vocales medias se convierten en altas mientras que la vocal baja llega a ser media.

analogía • Fenómeno en el que una palabra evoluciona de una manera inesperada debido a una asociación con otra/s palabra/s similar/es.

andaluz • Dialecto del español originario del sur de España.

anterior • Posición de la lengua hacia el frente de la cavidad oral (boca).

ápice de la lengua • Punta de la lengua.

ápico-alveolar • Consonante articulada en los alvéolos, empleando el ápice de la lengua.

apócope • Pérdida de cualquier sonido o sonidos en posición final de palabra.

aproximante • Consonante cuya obstrucción en la cavidad oral con los labios no es tan audible como en el caso de las consonantes fricativas.

aragonés • Dialecto romance originario de Aragón, región al nordeste de España.

asimilación • Fenómeno por el cual un sonido cambia de modo que resulta ser más semejante a algún sonido vecino o cuando los dos se combinan de alguna forma en un solo sonido (asimilación completa).

asimilación no-contigua • Fenómeno por el cual un sonido cambia de modo que resulta ser más semejante a algún otro sonido que no sea un sonido vecino.

asimilación progresiva • Fenómeno por el cual un sonido cambia de modo que resulta ser más semejante a un sonido que le precede.

asimilación regresiva • Fenómeno por el cual un sonido cambia de modo que resulta ser más semejante a un sonido que le sigue.

aspiración • Sonido que ocurre cuando el aire sale audiblemente de la cavidad oral. Puede ocurrir hasta algún grado u otro, por ejemplo, al final de la articulación de una consonante oclusiva, particularmente en inglés.

aspirado/a • Rasgo de una consonante cuya articulación incluye una aspiración.

átono/a • Sílaba que no lleva acentuación.

B

bajada vocálica • Vocal que baja una posición en el triángulo vocálico; es decir, que una vocal alta se convierte en media o una vocal media llega a ser baja.

bajo/a • Posición de la lengua en la que ésta se aleja (bajándose) al máximo grado de la región palatal o velar de la cavidad oral (boca).

bereberes • Gente de la África del Norte que llegó, junto con grupos árabes, a la Península Ibérica en el siglo VIII.

bilabial • Articulación de una consonante por medio de una obstrucción audible producida por los dos labios.

C

cartaginenses • Gente fenicia de Cartagena, ciudad de África del Norte.

castellano • Idioma romance originario de España, a menudo sinónimo de *español*.

catalán • Idioma romance originario del nordeste de España.

cavidad nasal • Espacio entre las ventanillas de la nariz (*nostrils*) y la úvula.

cavidad oral/bucal • Espacio dentro de la boca.

ceceo • Uso peninsular del fonema interdental /θ/ en lugar del /s/ para las letras <z>, <c> y a menudo para la letra <s> en el sur de España.

celtíberos • Habitantes antiguos de la Península Ibérica de origen ibero y celta.

central • Posición de la lengua ni hacia el frente ni hacia el fondo de la cavidad oral (boca).

centralización • Vocal alta que cambia para ser media en el desarrollo histórico del idioma.

cerrado/a • Sinónimo de *alto*, aunque *cerrado* se refiere a un orificio relativamente reducido entre la lengua y el paladar o velo.

coarticulación • Articulación simultánea de dos consonantes.

consonante • Sonido que se produce cuando el aire pasa bien por la cavidad oral con alguna obstrucción o fricción audible, bien por la cavidad nasal.

corchetes • Símbolos [ ] que se usan para indicar los alófonos.

cuerdas vocales • Par de membranas dentro de la laringe que vibran durante la producción de las vocales y las consonantes sonoras.

cultismo • Palabra del latín que hoy en día se emplea en el español, pero que no sufrió todos los cambios normales porque fue reintroducida al idioma por eruditos siglos después de que estos cambios ya se habían llevado a cabo.

D

dental • Articulación de una consonante por medio de una obstrucción audible producida por la lengua y los dientes.

deslizamiento • Movimiento de la lengua desde la posición de la vocal débil (<i> o <u>) hasta la posición de otra vocal, o viceversa, según el orden de los dos sonidos vocálicos.

diagonales • Símbolos / / que se emplean para indicar los fonemas.

diéresis • Símbolo (¨) que se usa para indicar que la <u> debe pronunciarse en las combinaciones <güe> y <güi>.

diptongación • Proceso mediante el cual una vocal llega a ser un deslizamiento, formando un diptongo con una vocal.

diptongo • Combinación de dos elementos vocálicos dentro de una sola sílaba.

disimilación • Proceso mediante el cual un sonido llega a ser *menos* semejante a otro sonido dentro de la palabra.

distribución complementaria • Cada letra (en la ortografía) o cada alófono (en la fonética) ocurre sólo en un ambiente ortográfico o fonético determinado; el uno no se emplea donde se debe usar el otro.

dorso • Parte principal de la lengua entre el predorso y el postdorso que se emplea en la articulación de sonidos palatales.

E

elisión • Pérdida total de un sonido en posición final de sílaba.

emisión • Palabra o conjunto de palabras que se dice sin pausa.

enfoque estrecho • Hecho de poner más énfasis mediante la entonación en un elemento u otro de una emisión.

enlace • Falta de separación entre las palabras de una emisión en español, lo cual ocurre, por ejemplo, cuando una palabra que comienza con una vocal se une a otra palabra que le precede.

entonación • Rasgo suprasegmental que comprende el sistema de tonos, o sea la manera en que se emplean los diferentes "niveles" contrastivos de la voz desde alto hasta bajo.

epéntesis • Proceso mediante el que se agrega algún sonido *dentro* de una palabra, el cual no existía en la forma original de la palabra.

esdrújulo/a • Palabra cuya sílaba tónica es la antepenúltima.

estirado/a • Vocal que, para articularla, los labios se acercan más hacia los dientes de una manera similar a lo que ocurre cuando uno sonríe.

F

filología • Estudio de los fenómenos lingüísticos (fonéticos, fonológicos, etc.) a través de la historia.

fonema • Representación abstracta de un sonido que tiene valor contrastivo con todos los demás fonemas del idioma y que no pretende señalar ninguna manifestación fonética específica (alófono).

fonémico/a • Elemento que tiene valor de fonema.

fonética • *(s.)* Estudio de la producción y la percepción físicas de los sonidos de un idioma.

fonético/a • *(adj.)* Se aplica a la representación concreta y específica de un sonido o sonidos, o sea, en términos de los *alófonos* de los fonemas.

fonología • Estudio del *sistema* de sonidos dentro del cual se emplean las diferentes manifestaciones fonéticas.

forma culta • *Véase* **cultismo**.

forma semiculta • *Véase* **semicultismo**.

fricativo/a • consonante que manifiesta una fricción audible en la cavidad oral.

fricatización • proceso histórico por el cual una consonante oclusiva se convierte en fricativa.

G

gallego • Idioma romance originario del noroeste de España.

glotis • Orificio de la laringe circunscrito por las dos cuerdas vocales inferiores.

golpe de glotis • Separación que ocurre frecuentemente entre vocales en inglés por medio de una oclusión producida por la glotis.

guaraní • Idioma indígena originario de Paraguay.

H
hiato • Separación silábica de vocales.

I
iberos • Habitantes prehistóricos de la Península Ibérica.

IPA • Alfabeto Fonético Internacional *(International Phonetic Alphabet).*

interdental • Consonante que se articula con la lengua entre los dientes superiores e inferiores.

L
labial • Articulación de una consonante por medio de una obstrucción audible producida por un labio o por los dos.

labiodental • Articulación de una consonante por medio de una obstrucción audible producida por los dientes superiores y el labio inferior.

laringe • Parte superior de la tráquea cuyos cartílagos sostienen las cuerdas vocales.

lateral • Consonante que se produce dejando pasar el aire por un lado o por los dos lados de la lengua.

lateralización • Articulación del lateral, alveolar, sonoro [l] en lugar del alófono [ɾ] del fonema vibrante simple /ɾ/ en posición final de sílaba, fenómeno típico del español puertorriqueño.

latín clásico • Idioma estándar, especialmente el escrito, del Imperio Romano.

latín vulgar • Idioma que la gente común típicamente hablaba en el Imperio Romano

leonés • Dialecto romance originario de León, región al noroeste de España.

léxico • Los vocablos de un idioma.

lingüística • Estudio científico de los idiomas. Incluye la sintaxis, la morfología, el léxico, la semántica, la fonética y la fonología entre otros subcampos.

lingüística histórica • Estudio de la sintaxis, la morfología, el léxico, la semántica, la fonética y la fonología desde una perspectiva histórica.

líquida • Consonante vibrante o lateral para las cuales no hay oclusión ni fricción, aunque hay una obstrucción audible.

llano/a • Palabra cuya sílaba tónica es la penúltima.

lugar de articulación • Punto en el que ocurre alguna obstrucción audible en la articulación de una consonante.

M
maya • Idioma indígena originario de Mesoamérica (México y Centroamérica).

medio/a • Vocal que ni es alta ni baja: [e] y [o].

metátesis • Proceso por el cual dos sonidos cambian de lugar, el uno con el otro.

metátesis recíproca • Proceso por el cual dos sonidos cambian de lugar de manera que *no* son sonidos contiguos.

metátesis simple • Proceso por el cual dos sonidos cambian de lugar de manera que son sonidos contiguos.

modo de articulación • Manera en que se produce alguna consonante (con oclusión, con fricción, etc.).

monoptongación • Proceso en el que se crea una articulación de una vocal sencilla donde existía antes un diptongo.

morfema • componente de una palabra que aporta información semántica o gramatical.

morfología • Estudio de cómo se forman las palabras.

mozárabe • dialecto que empleaban los cristianos que deseaban asociarse con la lengua y la cultura de los musulmanes de la España medieval.

multisilábico/a • Vocablo de dos sílabas o más.

N

náhuatl • Idioma indígena (azteca) originario de México.

nasal • Consonante para cuya articulación el aire no pasa por la cavidad oral sino por la cavidad nasal.

neutro/a • Vocal que, para articularla, los labios ni están estirados ni redondeados.

O

oclusivo/a • Consonante que se produce mediante una interrupción (oclusión) total seguida por una pequeña explosión de aire.

onomatopeya • Término que se aplica a las palabras cuyos sonidos sugieren el significado de la palabra misma.

ortografía • Sistema estándar de representar un idioma en forma escrita.

P

palabra compuesta • Vocablo que consta de más de una sola palabra, por ejemplo, *limpiaparabrisas*.

paladar • Punto de articulación entre los alvéolos y el velo.

palatal • Articulación de una consonante por medio de una obstrucción audible producida por la lengua en la región del paladar.

palatalización • Proceso histórico mediante el que unas combinaciones consonánticas del latín se transforman en una sola consonante palatal o alveopalatal del español.

par mínimo • Dos palabras entre las cuales hay un solo sonido diferenciador, es decir, que tiene valor fonémico contrastivo.

permutación • Proceso mediante el que algún segmento de una palabra cambia de lugar.

postdorso • Parte posterior de la lengua, la cual se emplea en la articulación de consonantes velares y uvulares.

posterior • Posición de la lengua hacia el fondo de la cavidad oral (boca).

predorso • Parte de la lengua inmediatamente detrás del ápice (*blade* en inglés)

prolongación • Rasgo suprasegmental mediante el que, para enfatizar algo, se puede hacer durar más una sílaba de la palabra clave, muy a menudo la sílaba tónica.

prótesis • Proceso de añadir un sonido al *comienzo* de una palabra, el cual no existía en la forma original de la palabra.

Q

quechua • Idioma indígena (incaico) originario de la región andina.

R

redondeado/a • Vocal que, para articularla, los labios se alejan más de los dientes de una manera similar a lo que ocurre cuando uno besa.

reducción consonántica • Pronunciación de dos consonantes contiguas como si hubiera solamente una. Ocurre típicamente cuando una palabra termina en una consonante y la próxima palabra (sin que haya una pausa) comienza con la *misma* consonante.

reducción vocálica • Pronunciación de dos vocales contiguas como si hubiera solamente una. Ocurre típicamente cuando una palabra termina en una vocal y la próxima palabra (sin que haya una pausa) comienza con la *misma* vocal.

refuerzo fonético • Fenómeno en el que una consonante llega a tener más fuerza, ya que unas consonantes tienen más fuerza fonética que otras; por ejemplo, el sonido fricativo [j] de *ya* tiene más fuerza fonética que la semiconsonante [j] en la articulación de esta palabra.

registro • Nivel de formalidad o informalidad en el lenguaje.

rioplatense • Dialecto del español que se encuentra típicamente en la región del Río de la Plata y sus alrededores de Argentina y Uruguay.

ritmo acentual • Análisis tradicional según el cual las sílabas tónicas tienen mayor duración en comparación con las demás sílabas.

ritmo silábico • Análisis tradicional según el cual cada sílaba tiene más o menos la misma duración que las demás sílabas.

romance (o románico) • Idioma o dialecto que procede del latín.

rotacismo • Vocal que demuestra una colorización de la <r> del inglés.

S

schwa • Vocal central media neutra [ə] que ocurre en muchas de las sílabas átonas del inglés.

segmento • Sonido que se percibe como unidad individual: [a], [k], etc., son segmentos.

semántica • Estudio del significado de las palabras y de las emisiones.

semiconsonante • Deslizamiento de la <i> o de la <u> cuando éstas son el primer miembro de un diptongo o triptongo. La semiconsonante es un poco más enérgica que la semivocal.

semicultismo • Palabra del latín que hoy en día se emplea en el español, la cual sufrió algunos de los cambios históricos normales, aunque no todos.

semivocal • Deslizamiento de la <i> o de la <u> cuando éstas son el último miembro de un diptongo o triptongo. La semivocal es un poco menos enérgica que la semiconsonante.

seseo • Uso del fonema /s/ en vez de la articulación (inter)dental /θ/, típico en Latinoamérica.

silabificación • Estructura (o las separaciones) de las sílabas dentro de una emisión.

simplificación • Proceso mediante el cual dos sonidos combinan de manera que resulta un solo sonido.

sinalefa • Enlace vocálico entre las palabras de una emisión.

síncopa • Desaparición de un sonido (o más) dentro de una palabra (en vez de al comienzo o al final de la palabra).

sintaxis • Estudio de las interrelaciones entre las palabras de una frase u oración.

sobreesdrújulo/a • Palabra cuya sílaba tónica es la que le precede a la anteantepenúltima.

sonoridad • Característica de las consonantes para cuya articulación hace falta que vibren las cuerdas vocales.

sonorización • Proceso histórico en el que una consonante sorda se convierte en sonora.

sonoro/a • Consonante que se articula con una vibración de las cuerdas vocales.

sordo/a • Consonante que se articula sin una vibración de las cuerdas vocales.

substrato • Influencia de un idioma ya establecido en la Península Ibérica antes de que el latín llegara allá. Luego, aquellas influencias lingüísticas pre-romanas ya existentes influyeron en la pronunciación del latín vulgar.

suprasegmental • Rasgo fonológico más allá de los sonidos individuales (o segmentos). Incluye el ritmo, la entonación y otros fenómenos relacionados.

T

taíno • Idioma indígena originario de las Antillas.

tierras bajas • Regiones costeras y otras áreas de poca altura de Sudamérica, de Centroamérica, del Caribe, etc.

tónico/a • Sílaba acentuada, o sea la sílaba en la que el tono sube más, dando la impresión de que tal sílaba tiene más "fuerza" que las otras (átonas).

tonos • Diferentes "niveles" contrastivos de modular la voz en la entonación, desde alto hasta bajo.

tradición ortográfica • Casos en los que la ortografía moderna de una palabra no corresponde precisamente a la manera de pronunciarla actualmente, debido a que tal ortografía refleja mejor una forma antigua de la palabra.

transcripción fonética • Representación de los sonidos de una emisión mediante el uso de símbolos fonéticos, como los del IPA. Tal transcripción siempre se encuentra entre corchetes: [ ].

triptongo • Combinación de tres elementos vocálicos dentro de una sílaba. Estos siempre ocurrirán en el orden *semiconsonante—vocal—semivocal*.

U

uptalk • Tendencia de terminar oraciones declarativas con un tono alto que sube, a menudo para indicar que la persona tiene algo más que decir después.

úvula • Punto de articulación en la región posterior extrema de la cavidad oral; la úvula está conectada al velo.

uvular • Articulación de una consonante por medio de una obstrucción audible producida por la lengua en la región de la úvula.

V

valor contrastivo • Valor fonémico, lo cual describe dos sonidos que no serán simplemente variantes del mismo fonema.

variante • Alófono.

vascuence (o vasco) • Idioma no-romance originario del norte de España y del sur de Francia.

velar • Articulación de una consonante por medio de una obstrucción audible producida por la lengua al punto del velo.

velarización • Hacer acercarse el postdorso de la lengua hacia el velo durante la articulación de una consonante; fenómeno de convertir una consonante no-velar en una velar.

velarizado/a • Característica de una consonante cuya articulación requiere que el postdorso de la lengua se acerque bastante a la región velar.

velo • Punto de articulación entre el paladar y la úvula.

vibrante • Consonante que se produce mediante una vibración de la lengua contra los alvéolos.

vibrante múltiple • Consonante que se produce mediante una serie de vibraciones de la lengua contra los alvéolos (*trill*).

vibrante simple • Consonante que se produce mediante una sola vibración (*tap*) de la lengua contra los alvéolos.

visigodos • Tribu germánica antigua originaria de la Europa del Norte que llegó a la Península Ibérica en el siglo V.

vocal • Sonido que se produce mediante la vibración de las cuerdas vocales sin ninguna obstrucción audible en la cavidad oral.

vocal débil • Vocal que, cuando está junto a otra vocal, se forma una combinación dentro de una sola sílaba que se conoce como diptongo.

vocal fuerte • Vocal que normalmente no combina con otra vocal fuerte para formar diptongos: [a], [e] y [o], típicamente.

vocalización • Fenómeno en el que una consonante se convierte en una vocal.

volumen • Rasgo suprasegmental que consiste en elevar la fuerza de la voz, sea para una sílaba, una palabra, una serie de palabras o para un segmento mayor del discurso.

Y

yeísmo • Falta de distinción entre el fonema palatal /j/ y el lateral palatal /ʎ/; se emplea siempre /j/.

yeísta • Hispanohablante a quien le falta una distinción entre el fonema palatal /j/ y el lateral palatal /ʎ/; emplea siempre /j/.

yod • Nombre de una letra del hebreo que describe cualquier deslizamiento palatal ([j], por ejemplo) que resulta de una variedad de fuentes del latín. La yod tiene varios posibles efectos sobre otras vocales que se encuentran en palabras que contienen una yod.

Índice